《中华文明史话》中英文双语丛书

HISTORY OF CHINESE CIVILIZATION

体育史话

HISTORY OF SPORTS

《中华文明史话》编委会　编译

中国大百科全书出版社

图书在版编目(CIP)数据

体育史话：汉英对照 /《中华文明史话》编委会编译. —北京：中国大百科全书出版社，2008.7

(《中华文明史话》中英文双语丛书)

ISBN 978-7-5000-7915-6

Ⅰ.体… Ⅱ.中… Ⅲ.体育运动史－中国－汉、英 Ⅳ.G812.9

中国版本图书馆 CIP 数据核字(2008)第 073101 号

策 划 人：蒋丽君

丛书责编：余 会 马丽娜

责任编辑：余 会 杨寅辉

技术编辑：尤国宏 贾跃荣

责任印制：邹景峰

封面设计：张华萍

中国大百科全书出版社出版发行

(北京阜成门北大街 17 号 邮政编码：100037 电话:010-88390317)

http://www.ecph.com.cn

新华书店经销

北京佳信达欣艺术印刷有限公司印刷

开本：880×970 1/32 印张：5.875 字数:103 千字

2008 年 7 月第 1 版 2018 年 4 月第 3 次印刷

ISBN 978-7-5000-7915-6

定价:32.00 元

《体育史话》

中文编撰：王　凯

英文翻译：李远子

校　　译：成应翠

HISTORY OF SPORTS

CHINESE COMPILER: Wang Kai

ENGLISH TRANSLATOR: Li Yuanzi

ENGLISH REVISER: Cheng Yingcui

序

北京大学教授　辛德勇

我不是一个科班出身的历史学工作者，基础的中国历史知识，几乎全部得自自学。所谓“自学”，也就是自己摸索着读书。在这个过程中，一些篇幅简短的历史知识小丛书，给我提供过非常重要的帮助，是引领我步入中华文明殿堂的有益向导。按照我所经历的切身感受，像这样简明扼要的小书，对于外国人了解中国的历史文化，应当会有更大的帮助。现在摆在读者面前的这套《中华文明史话》中英文双语丛书，就是这样一种主要针对外国朋友而量身定做的书籍。

编撰这样的历史知识介绍性书籍，首先是要保证知识的准确性。这一点说起来简单，要想做好却很不容易。从本质上来讲，这是由于历史本身的复杂性和认识历史的困难性所造成的，根本无法做到尽善尽美；用通俗的形式来表述，尤为困难。好在读者都能够清楚理解，它只是引领你入门的路标，中华文明无尽的深邃内涵，还有待你自己去慢慢一一领略。这套《中华文明史话》中英文双语丛书，在首先注重知识准确性的基础上，编撰者还力求使文字叙述生动、规范，深入浅出，引人入胜；内容则注重富有情趣，具有灵动的时代色彩，希望能够集知识性、实用性、趣味性和时代性于一体；同时选配较多图片，彩色印刷，帮助读者更为真切地贴近历史；而汉、英双语对照的形式，将特别有助于非汉语母语的外国人士或是海外中国侨民的后裔用作学习中文的辅助读物。其实，用汉、英双语对照形式出版的这套书籍，并不仅仅会为海外非汉语读者了解中国历史文化提供便利，它精心安排的选题，也会成为中国读者特别是青少年学习中国历史文化知识的简明读本；阅读这样的书籍，会有助于中国读者学习和掌握中国历史文化知识的英语表述形式，这将对增进中国民众的对外交往，起到积极的作用。

中华文明有过辉煌的过去。但是，按照我的理解，主要面向海外读者编撰出版的这套丛书，并不应该成为一种自我夸耀的演示。每一个国家和民族都具有值得同等骄傲的优秀文化，也都带有诸多同样丑陋的斑点。我们需要的是相互的理解与交流。从清朝末年时起，有许多来华的日本人，喜欢用“不思议”也就是“不可思议”这个词，来描述对中国的困惑；直到今天，类似的困惑依然普遍存在。日本在历史上与中国文化接触密切，尚且如此，海外其他地区，自然更加严重。这种困惑的根源是不同文化彼此之间的隔膜。我希望出版《中华文明史话》这样的读物，能够有助于普通外国民众更多地了解中国，认识中国，进而沟通我们的心灵，共同面对逐渐融为一体的世界。

2007年12月11日

Prelude

Professor of Peking University *Xin Deyong*

A researcher in the studies of history as I am, I was not taught in school but by myself. To be more specific, nearly all the basic knowledge that I know about Chinese history is obtained by reading books. Looking back on those days, I feel deeply indebted to the small handy books of historical knowledge for leading me into the glamorous palace of Chinese civilization. Given my personal experience, the small books like those of the series *History of Chinese Civilization*, brief yet to the point, will be a great help to westerners in their effort to learn more about the history and the culture of China.

For history-telling books, the most important thing is telling truth. This is easier said than done and it's simply impossible to do a perfect job. For one thing, history, by nature, is complicated and difficult to comprehend; for another, telling history in a popular style makes the task even more difficult. Luckily, readers are quite aware that these books are just a guide in their journey to discover the immense treasure of Chinese civilization. *History of Chinese Civilization*, a series of bilingual books, will win over its readers with interesting and inspiring historical facts and stories, told in accurate yet vivid, simple yet thought-provoking words. Many color illustrations throughout the series will give their readers a better understanding of those facts and stories which tell them about not only history but also how to learn from history, thus getting readers even closer to history. With carefully chosen and arranged texts written both in Chinese and English, the books will not only help westerners and the descendants of oversees Chinese learn the language as well as the history and culture of China but will also serve as easy-to-read handbooks for Chinese readers, young readers in particular, to obtain more knowledge on Chinese history and culture. What's more, by reading these books, Chinese readers will learn idiomatic expressions and thus communicate more effectively with people around the world.

Chinese civilization has a glorious history; personally, however, I don't believe this series, primarily targeting overseas readers, shall be an act of showing off. Cultures of all countries and peoples, shiny as they are, have flaws. What we need is to communicate with each other and understand each other. Back at the end of the Qing dynasty, a lot of Japanese would use the word "incomprehensible" to describe the bewilderment they had after they came to China. Today, the similar bewilderment is still there. Given the frequent cultural exchanges between Japan and China in the history, it's almost certain that people living in other lands would be even more bewildered. This sense of bewilderment originates from the differences of diverse cultures. And I wish *History of Chinese Civilization* and others alike will help ordinary westerners know more and better about China so that we can expel the sense of bewilderment, bridge the cultural gaps and enjoy the increasingly harmonious world.

December 11, 2007

注：弓秀英 译

目录

CONTENTS

引言

体育在人类的生活中具有重要的地位和作用，它是人们锻炼身体、增强体质、延长生命的重要方法。它以竞技的形式，成为人们文化生活的内容和各国人民之间加强联系的纽带。在中国，体育也称为体育运动。

原始社会，由于猎取食物和抵御灾害的需要，奔跑、跳跃、攀登、翻越、投掷这些简单的肢体活动逐渐成为远古先民们日常生活必备的基本技能。尽管这些动作中包含有原始体育的成分，但是因为这个时期的体育活动还没有真正彻底从人们的生产劳动中独立出来，所以这个时期的体育活动仍然处于萌芽状态；春秋战国时期，群雄争霸，战乱频繁，军事活动蓬勃开展，尤其是铁器的出现极大地提高了社会生产力，这些都为中国体育文化的多样化发展创造了条件；汉代，社会安定，经济繁荣，充满生机与活力的社会环境使得各项体育活动广泛开展，日益兴盛；魏晋南北朝时期，玄学、佛教、道教学说的普遍盛行，极大地冲击了人们的思想，导引养生术风行天下，异象纷呈；唐代，随着太平盛世局面的出现以及中外文化交流的加强，体育活动丰富多彩，盛况空前；宋元时期，商品经济的发展，使得体育活动在民间普遍开展，同时，体育的商品化趋势也愈加明显；明清时期，封建经济蓬勃兴盛，专制主义中央集权高度发展，在一些传统体育项目日趋衰落的同时，一些体育活动则呈现出蓬勃旺盛的繁荣景象，甚至达到历史上前所未有的新高度。

随着经济的发展、社会的进步、文化的繁荣，在漫长的历史发展过程中，中国体育不断以崭新的面貌呈现于世人面前。

一 先秦体育

先秦时期，体育呈现鲜明的时代色彩，洋溢着强烈的时代精神。在人类社会初期，人类一方面依靠大自然来生存，另一方面又时刻面临自然灾害以及凶猛野兽对生命的威胁。在当时生产力水平极其低下的条件下，人们要摆脱这种困境不仅要靠组织团结的力量，更重要的是单个人自身必须要有强健的体魄，只有这样才能够更好地抵御野兽的进攻并猎取到更多的食物。于是在生产实践中，人们不断提高奔跑、跳跃、攀登、投掷和游水的技能，这些技能随着社会的发展在不断变化的活动方式中得到丰富和完善，便形成了早期的体育形态。随着生产力的发展，出现了原始农业和畜牧业，与此同时，含有“体育”性质的娱乐游戏随之出现，甚至在宗教祭祀仪式中也包含有原始体育的成分。

进入夏商周时期，生产力得到进一步发展，私有制以及阶级随之产生，尤其是春秋战国时期的政治大分裂，社会大动荡，观念大变革，引发了一系列的战争，在这种特殊的历史环境下，军事体育活动空前发展起来，民间体育风尚也逐渐走上为战争服务的轨道，带有浓厚的军事色彩，而铁器的出现与应用更是促进了经济的繁荣以及科学文化和体育的发展，一些体育项目甚至纳入到学校教育的必修科目。此外，人们逐渐意识到生命和健康在于运动的道理，并且创编出一系列养生术和健康操，推动了早期医疗技术的发展。

1. 军事体育与早期武术

军事体育自古有之。原始社会，不同的氏族部落间由于食物、地盘等利益冲突而引发战争。这其中，以黄帝与蚩尤的战争最为典型，但那时的战争还没有形成具有严格组织化和标准化的军队，所使用的武器也多为石器。后来，随着国家的出现，一批为维护政权统治的专业

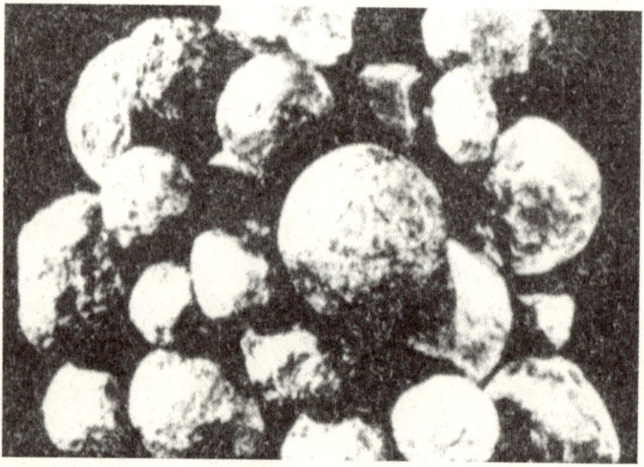

原始社会石球、飞石索图

化军队也随之产生；青铜器和铁器的出现与应用，更是极大地丰富了武器的种类，使作战武器日趋规范化。但由于步兵依旧是战争中的主要进攻力量，所以必要的基本军事技能以及武术训练在当时显得尤为重要。

(1)基本军事技能训练

在冷兵器时代，一个国家军队战斗力水平的高低主要依赖于士兵的基本体能和技能素质，尤其是在春秋战国时期，当时战争频繁，并且以步战为主。步兵的训练开始向制度化和标准化方向发展，在这种形势下，各国军队均高度重视士兵的跑、跳、投掷等基本素质与技能的训练。

①奔跑：在夏商周时期，战争成为国家的头等大事之一，并且战争以车战为主，因此训练一批能够长时间随车长途奔跑的“先马走”(在车前引路或在车后跟进的步兵)是十分重要的。春秋战国时期，诸侯争雄，各国竞相发展军事力量，士兵的长途行军和奔跑能力显得更加重要。特别是战国时期，大规模的步战代替了车战，所以当时的军队非常重视全副武装的负重行军和奔跑。《墨子·非攻》记载，当时吴王阖闾带领军队训练了七年，士兵能够身着铠甲，手执兵器，连续奔跑行军 300 里。

复原西周马车

②跳跃：商周到春秋时期的战争多为车战，这就要求甲士能够迅速上下车，因此跳跃能力成为当时基本的战斗素质要求与技能要求之一。据史书记载，在吴鲁交战中，鲁大夫微虎想夜袭吴王，于是在选拔突击队员时，让人在帐前设立一定高度标准的横杆，士兵只有三次均跳过才算合格，最终他用此法从 700 人中选出精兵 300 人，孔子的弟子有若也被选中，这反映出当时车战对跳跃能力的要求。

③投掷：由于中国古代军队的远射武器主要是弓箭而非标枪一类的投掷武器，所以当时投掷训练仅仅是作为士兵的基本体能训练而存在。据史料记载，在当时的军队中，士兵经常以“投石”作为比赛游戏。

除此之外，由于战国时期战争方式转为大规模的步战，士兵的近身格杀搏斗成为战争的重要方式，因此士兵除了掌握行军、射箭、布阵等基本技能外，还必须掌握一些矛、戈、剑、刀等长短兵器的使用方法。军队的训练也围绕这些制式武器的使用技术而展开，这就是所谓的技击。至战国后期，一些国家对军队进行大胆改革，发展骑兵，练习骑射，使得骑射成为中国古代军队基本训练内容之一。

⑵早期武术

夏商周时期的民间习武与国家的军事训练高度统一。由于战争形式以车战为主，技击与格斗技术并没有成为军事训练的重点，因此，这一时期的武术尚未从军事技术中分化出来。而到了春秋战国时期，随着社会结构的变化和战争规模的扩大，作战方式与兵种也相应地发生变化。日渐兴起的大规模步战要求士兵掌握熟练的技击格斗技术，这为民间武术的形成打下了基础。民间出现了一批被称为“游侠”的群体，这些人多身份低微，身怀武技，以武为业，能够以武勇与剑术效力于主人，从事护卫、行刺、暗杀等各项任务。秦汉时期，游侠已经发展成为一种普遍的民间社会现象。这些人活跃于江湖民间，其武技形成一类与军事技术相比更加自由化和个性化的格斗技艺，这便是中国武术的先声。

剑是中国古老的兵器，早在殷商西周时期，武士便以佩带剑身较短的青铜剑作防身之用，并作为身份的象征。春秋战国时期，因为冶金锻造技术的发展，造剑技术得到提高，剑术也随之发生相应的变化，并且随着剑术在民间的流传，出现了较为成熟的剑术理论和剑术流派，这标志着剑术在民间已经发展到较高水平。

拳搏又称手搏，即徒手搏击的技术。周代春秋时期，不懂手搏的贵族男子被视为是莫大的耻辱。随着战国和秦汉时期战争逐步以步战为主的趋势，手搏逐渐成为军队中选材和基本素质训练的内容之一。

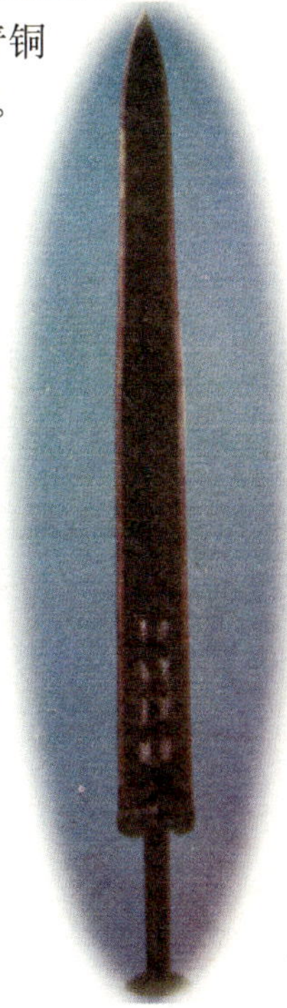

春秋时期越王勾践青铜剑

2. 蹴鞠的出现与发展

在中国古代，用脚踢球叫做“蹴鞠”。蹴鞠又称踢鞠，宋明时期也称圆鞠、筑球等，是中国古代的足球运动，也是世界上最早的足球运动。

蹴鞠又称蹋鞠。“蹴”的意思是踢，“鞠”的意思是球，至于蹴鞠究竟始于何时何地，这个问题已不可考。关于这方面史料的文字记载见于《战国策·齐策》，该书曾提到古代临淄地区（今山东淄博）十分富裕，那里的百姓都喜欢吹竽、鼓瑟、击筑、弹琴、斗鸡、走犬、六博、蹴鞠等活动，由此看来，蹴鞠在战国时期已经流行，并且已经成为老百姓喜爱的娱乐活动。

早期的鞠球以皮革制成，内部填以毛发，使之有弹性，并且玩法多样，可以分为一个球门的比赛和不设球门的比赛。多样化的玩法，使得蹴鞠在民间迅速开展起来，深受人们喜爱。

谈起蹴鞠，总会想到现代足球，那么作为中国古代足球的鞠球与现代足球究竟有无渊源关系呢？至今仍无从考证。不过从游戏规则来看，蹴鞠与现代足球在玩法和比赛规则上有一定的相似之处，但又不完全相同。现代足球双方各守住一个球门，而古代足球可以是双方各守多个球门，也可以是双方将球踢进同一个高高挂起的球网里。相对而言，现代足球要求有很强的体能和奔跑能力，竞赛性强。古代足球则更注重踢球的技巧，娱乐性强。

3. 射艺的兴盛与普及

原始社会，人们在狩猎的过程中发现被攀援的动物压弯的树枝会猛然弹起，于是受到启发，制作出了弓，而箭矢则是手中之矛的改造。至此，弓箭开始在人们的生产生活中广泛应用。商周时期，青铜器的广泛使用为箭镞的制作提供了优越的条件，西周时期射箭不仅具有军事价值，而且成为宗教祭祀、外交盟会、宫廷宴会、农村节社等重大活动不可缺少的重要内容。那时，每个男子都要学会射艺，精湛的射艺甚至可以成就一生的事业。

西周时期，习射被定为“六艺”教育的内容之一，并且受到当时等级分明的“礼制”的影响，射箭活动也被制定出繁琐的礼节，并逐渐发展成为以“射礼”为形式的大规模竞赛活动。当时的射礼按等级分为四种：“大射”、“宾射”、“燕射”、“乡射”。四种射礼各有定规，所用的弓、箭、靶也各不相同。在练习射艺、提高技能的同时，道德观念的培养也很受重视，故当时规定，犯有过失的人是不能参加射礼活动的。因此，西周的射礼成为中国古代组织最严密的竞技运动会。它既是进行礼治教化的手段，同时又具备祭祀神灵、宣示和平、增进友谊、强健身体、娱乐游戏等多重功能。周代的射礼由于等级森严，礼节繁琐，随着春秋时期的到来，逐渐退出了历史舞台。

如果说夏商周时期的射艺兼有讲武、习礼和娱乐的性质，那么春秋战国时期各诸侯国间频繁的战争则直接推动了这项与军事有关的体育活动的发展，使得射艺逐

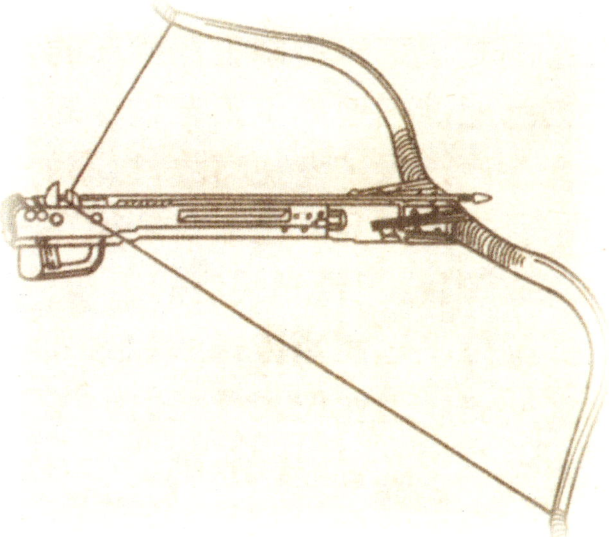

战国弩复原示意图

渐发展成为具有纯粹军事性质的大规模实用性学习。当时，为满足战争的需要，统治者颁布众多法令鼓励民众习射，促使军士们的射艺水平不断提高，并且出现了一些善射的名将，春秋数百年间众人公认的神射手养由基便是其中的典范。其射箭力量大，准确性高，甚至在距杨树百步之外射小小的叶片，也可以百发百中，无一失手。后来的成语“百步穿杨”说的就是这个故事。

战国初期，随着北方游牧民族的骑射之术被引入中原地区，骑兵作为一个新的兵种开始驰骋于战场之上，骑射技能也获得了长足的发展。后来，人们在弓箭的基础上创造了弩，极大地扩展了射的功能，提高了射的威力，当时质地优良、射程极远的弩弓共有四种，分别为溪子、少府、时力、距来，成为重要的作战武器。

4. 体育养生思想的形成与实践

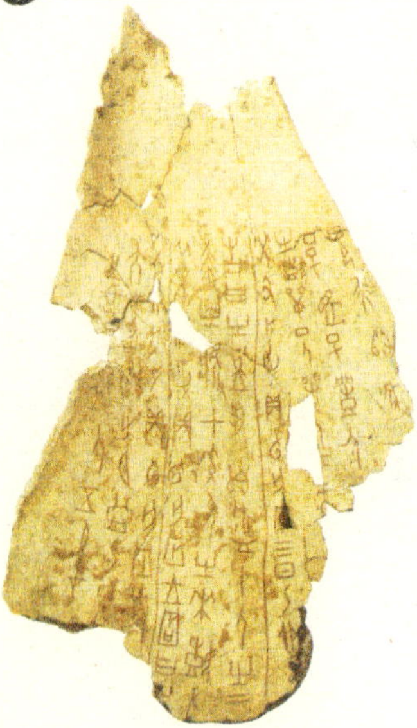

刻在牛骨上的卜辞

⑴先秦时期养生思想的形成

商代甲骨文中有不少卜辞的内容与疾病、寿夭有关，史书中曾提到“五福六极”的观点，将人生的五大幸福归结为长寿、富裕、德行、健康、寿终，而把夭折、疾病、贫穷、忧愁、恶行、体弱概括为上天对人的六种惩罚。可见，在中国古代，很早就产生了追求健康长寿的思想观念。

春秋战国时期是中国古代养生思想和理论的奠基时期。作为成书于战国后期的中国古代最重要的医学典籍之一,《黄帝内经》提出的“天人合一”的养生思想奠定了中国传统养生学的理论基础。此时期以老子、庄子为代表的道家提出的一系列清净养生与精神修炼达到形体健康长寿的观点对中国传统养生学的形成发展产生深远影响，成为中国传统养生思想的基本理论之一。与此同时,中国古代一系列著名的哲学典籍均提出了自己的运动养生观,这为中国古代体育养生的发展提供了强大的思想武器。

⑵体育养生方法体系的形成与发展

春秋战国时期,在继承前人经验的基础上,中国古代体育养生学的两大体系——导引和行气开始形成。

导引术是中国传统体育健身和体疗方法之一,理论上强调运动养生,方法上则以肢体运动、呼吸运动和自我按摩相结合,以达到强身健体、治疗疾病的目的,并且由此发展为医疗导引术,尤其是在西汉时期,导引术获得重要发展,对后世产生深刻影响。三国时期，名医华佗根据导引术的基本原理创造出了代表先秦两汉以来导引术和中国体育养生术的最高水平和典范——五禽戏,

华佗五禽戏图之一

华佗五禽戏图之二

即以模仿虎、鹿、熊、猿、鸟五种动物的动作以达到治病健身目的的类似现代体操的健身术，成为中国古代体育养生思想的重要文化遗产。

行气术是中国古代以呼吸运动与精神锻炼为特色的一大类身心锻炼方法的总称，它与导引不同，更加强调在形体的相对静态中进行呼吸运动和精神修炼，促进人的健康长寿。早在战国时期，行气术就已经发展到相当成熟的水平，即由一般的呼吸运动发展为深入人体内部的气脉流注运转，完善了行气术的内容，并且推动其进一步发展。由秦汉至魏晋南北朝期间，众多的养生家对行气术进行了深入的研究，撰写出大量有价值的专著，并且在实践基础上，发展出很多不同的行气技术流派。

二 秦汉体育

在中国漫长而悠久的历史长河中，秦汉正处于封建社会的发展阶段，同时它也是中国古代体育风尚的基本定型和全面发展时期。

秦统一中国后，曾采取了一系列巩固统一的重大措施，焚书坑儒、销毁兵器等苛暴政治却对体育的发展造成障碍。在秦王朝统治的15年中，虽然养生术等得以保留，乐舞、角抵戏不绝于宫廷，但整个体育运动，特别是民间体育处于低潮。

两汉是中国古代体育运动的全面复兴和蓬勃发展的时期。社会的安定发展，经济的复兴繁荣，为民间体育风尚的全面振兴提供了肥沃的土壤，开辟了崭新的前景，民间体育娱乐活动在此时期日渐兴盛，形成了中国体育运动发展史上的第一个高峰。尤其是东汉时期，生产力水平的提高和科技文化的进步使得体育发展达到新的高度，其项目之多，运动技巧之高，竞争意识之强，均超过前代。一些民间体育娱乐活动也被引入节日风俗，在广泛普及中得到进一步传播和发展。这些体育娱乐活动为当时的节日增添了浪漫的色彩和欢乐的气氛，经过漫长的岁月洗礼后，延续至今。

1. 蹴鞠盛行、击鞠出现

(1)蹴鞠的盛行普及

西汉时期的蹴鞠主要有两种形式，一类是观赏性的蹴鞠表演，主要是指在音乐的伴奏下进行踢球控球的技能表演；另一类则是竞技性的蹴鞠比赛。这类比赛多分为两队进行，并且球和场地是仿照天圆地方的阴阳原则建立的，即球门呈圆形或半圆形相对而设，双方各出六人参赛，同现代足球相似，那时的比赛也设置裁判，以规范队员的比赛动作，督促其遵循比赛规则。当时汉武帝就十分喜爱观看蹴鞠比赛，其宠臣董偃为媚悦奉上，一度将各郡国的蹴鞠高手召集到长安城，并且经常举行比赛，而汉武帝几乎是每场必至。

汉武帝刘彻

汉代的蹴鞠不仅仅被当作一项强身健体的娱乐活动，甚至被直接引入到军队之中。刘向曾主张将军事训练的内容寓于日常娱乐之中，以便士兵能够在一种相对宽松自由的环境中，增强体质，提高素质，而蹴鞠就是其中最有效的运动项目之一，并且一些能歌善舞的人还将蹴鞠运动与舞蹈艺术相结合，发明了风格独特的蹴鞠舞，充分扩展了蹴鞠活动形式的多样化。蹴鞠运动在宫廷中和军队中的广泛兴起与普及，对民间蹴鞠活动的进一步开展与流行起到了极大的推动作用，也促使了汉代蹴鞠兴盛局面的形成。

⑵ 击鞠的产生

击鞠，即骑在马上持棍击球的运动。有关击鞠的最早记载，见于公元3世纪曹植所写的《名都篇》。诗中描写"京洛少年"身着鲜丽的衣装，挟弓佩剑，一清早就去郊外斗鸡玩乐，继而"走马长楸间"、"长驱上南山"行猎。猎罢归来即列坐长筵。之后，又"连骑击鞠壤"(在击鞠场地跑马)，直至"白日西南驰"才停息。诗中还形容"京洛少年"们的骑术达到了"巧捷惟万端"的熟练程度。其写作时间当在公元220年前后。由此推知，击鞠这种活动至迟在东汉晚期已经出现。

击鞠之所以会出现在汉末，史学家推测原因有二：一是骑兵日常军事训练的需要，二是受到蹴鞠活动的启发。汉代与西北边境少数民族交战频繁，机动灵活、迅捷勇猛的骑兵往往在战争中起到决定性作用，同时因为受到当时把军事训练寓于日常娱乐之中的思想影响，统治者把步兵中流行的蹴鞠活动引入到骑兵训练中来，于是久而久之产生了新式的击鞠运动。

2. 剑术的演进和射艺的变迁

⑴ 剑术的演进

西汉时期，佩剑击剑之风大行于世。上自天子，下至百官无不佩剑，并且有一套严格的佩剑制度，就连当时的时俗都认为佩剑是君子的必需装备，也是其身份的象征，西汉时期名扬天下的大才子司马相如少年时便嗜好读书、击剑。

击剑之风盛行，所以西汉社会出现了一批精通剑术、寄食于人的“剑客”。这些剑客很讲究剑道的师承和方法，并且形成了许多风格各异的流派。各派均有剑师，专门从事剑道的传授工作，在这种形势下，比剑之风开始盛行。一些嗜剑成癖的文人甚至把当时各派的剑术精华搜集起来加以整理，创作出一部专论长剑技击的理论著作《剑道三十八篇》，只可惜现今只存其目。

如果说先秦时期的剑术还只是存在于军事训练之中，那么西汉时期的剑术就已经走上了体育运动的轨道，并且出现了激烈比赛竞技的场面。关于这些，已经出土的一些汉代画像石、画像砖以及部分史书中有过相关记载。这些史料的保存，对于今天剑术的进一步发展起到重要作用。只是古代剑术多从实战出发，要求步步如飞、直行直进的特点，今天的剑术则更多地强调其表演性质，剑法上也增添了一些花式，如太极剑、青萍剑、醉剑等。

汉代丸剑安舞画像砖

⑵射艺的变迁

作为一项有着悠久历史的传统体育运动项目，秦汉时期射箭从内容和形式上可以划分为礼射、战射、猎射三大类型。西汉时期，由于受到董仲舒的思想影响，儒生们把全部精力放到读书考试上，不以习武为务，日渐丧失了先秦时期文武兼习的优良风尚，以致后来连以演示礼仪为主、讲武健身为辅的礼射也不屑一顾了，各级学校教育更是取消了相关课程设置。另外，带有繁琐礼仪形式的礼射也与富有开放革新气息的西汉社会格格不入，因此，久而久之，礼射呈现出明显的衰落趋势，直到完全被废弃。

与礼射的衰落形成鲜明对比的是，战射和猎射活动在当时风靡上下，大放异彩。汉朝在抵御和反击匈奴的战争中，为了充分发挥自身的兵器长技，以战射教练士卒，劝喻百姓，有力地推动了射箭技艺的普及与发展，使得战射成为西汉军队重要的战斗技能，并且由此涌现出大批善射的能手。李广即是一位誉满天下的神射手。相传，一次李广出猎，草中有石，风吹草动，石在草中若隐若现，李广以为是一只老虎伏在草中，于是搭

西汉青铜弩机

箭远射，由于力量劲猛，结果箭镞深深没入石中，至今传为佳话。汉代的战射由于受到战争因素的影响，所以多为骑射，骑射不但在军队中盛行，而且在民间也广为流行。特别是西北一带边地接近匈奴等少数民族，民风强悍，尤其擅长骑射之术。

3. 角抵活动赏心悦目

所谓角抵，实际上是由春秋战国时期的“角力”演变而来的一种中国古代的摔跤或相扑运动。

西汉时期，角抵在宫廷中常用以招待少数民族首领或外国客人。当时，角抵与歌舞音乐、杂技幻术并列，称为“百戏”，由此可见角抵活动在两汉时期已经受到统治者的高度重视。汉武帝就是历史上非常有名的角

汉代角抵壁画

抵爱好者，除了以角抵活动招待四方宾客外，他还倡导和组织了许多盛况空前的角抵表演或比赛，一时间万人空巷。这也说明角抵活动在当时不论在宫廷还是在乡野市井，都有广阔的市场，深得贵族和百姓的喜爱。

那么，所谓的角抵究竟是如何进行表演和比赛的呢?从河南密县出土的二号东汉墓壁画我们可能窥见一斑：画面上，两个身体粗壮、浓眉粗髯的大汉正虎步侧身，四目相对，寻找战机以图进攻。二人均腰系护腹，下着短裙，头顶扎一冲天独角辫。角抵在当时已经成为北方极为流行的一种体育娱乐活动，并且随着时间的推移，角抵的形式和内容也变得更加丰富多彩。

4. 棋类的兴盛

汉代，弈风逐渐兴盛，如冯翊、岐道、王九真、郭勃都是当时的名手。当时主要的棋类游戏有弹棋、围棋、六博、樗蒲等。

弹棋是西汉时期新兴的一种棋类游戏，但在当时，弹棋仅仅是作为一项宫廷游戏专供王侯贵族娱乐之用，民间尚没有得到流传普及。直到西汉末年，社会动荡，政局不稳，西京倾覆后，一些宫廷贵族和官人们四处流亡，散落民间，弹棋游戏才得以在民间流传开来。

东汉时，弹棋在宫廷中盛极一时，达官贵族竞相习尚。弹棋连同投壶、博弈、复行一起成为他们宴请宾客时常设的四种娱乐活动。此时期的权臣梁冀便嗜好弹棋，他曾著《弹棋赋》流传后世，在赋中他强调弹棋的取法用兵，斗巧斗智，与围棋极其相似，而在玩法上，弹棋棋具包括棋盘、棋子和石箭三种，行棋走子中可以以石箭“击”或“破”对方的棋子，与后世流行的弹棋游戏在游戏规则上有一定差别。

汉代的围棋还是木质的，并且已有黑、白之分，棋道纵横交错各17道，合289道，白、黑棋子各150粒，与后世流行的18、19道棋盘略有不同。当时的人们习惯把围棋看作是排兵布阵的军事模拟战场，一些著名的将领大都对围棋颇有造诣。汉末军事家曹操便是其中的高手，他不但棋艺高超，而且身边云集了一批像王九真、山子道这样的棋坛高手，以便随时切磋棋艺。孙权的长兄孙策在戎马之余，也喜欢研究围棋，他与吕范下过一局精彩绝妙的好棋，后来被收录于宋代著名棋谱《忘忧清乐》之中。

六博，也是中国古代的棋类游戏，战国至汉代盛行。博指博箸，一套博具中有6根箸，故名六博。行棋之前要投箸，根据投的结果决定行棋的步子。六博的棋子多以象牙、水晶、玉石或铜制作，一般均大小相同，分成黑白两组，各6枚，但也有每组合1大5小的。在投箸或投茕行棋的过程中，达到某种地步后，棋子中的一颗成为枭棋，一方将对方的枭杀掉，乃取胜。具体博法唐时已失传，今不知其详。

西汉彩绘六博木佣

三　魏晋南北朝体育

魏晋南北朝时期，分裂割据的政治格局和战乱频仍的社会环境，各民族融合与斗争的历史大潮以及玄学、佛教、道教三大思想文化的冲击，都对两汉以来已初步自成体系的体育风尚造成巨大冲击，使得其在结构上出现极端的不平衡性并且发生明显的裂变。这时期的体育风尚发展状况主要有两种类型：一部分体育风尚因为失去生存的基本环境和条件而日趋衰微，以致无人问津；另一部分体育风尚却因获得新的沃土而兴盛起来，甚至出现畸形繁荣。此外，由于各朝、各地与各民族间在生活习俗方面存在不同程度的差异，这一时期的体育风尚因此呈现出错综复杂而又风格独特的历史画面。

1. 骑射之术风靡天下

历史上，西北边境的一些游牧民族大规模迁入中原时，往往以强弓劲骑开道，纵横驰骋，势不可挡。黄河流域的滚滚狼烟使军队成分和传统的军事体育风尚发生重大变化，重装骑兵成为军队的核心力量和主宰战场胜负之神，骑射为职业的风俗习惯与中原汉族重弓马之术的传统习尚相互渗透融合，使骑射之术盛行于当时社会各个阶层。南方地区统治者为苟安图存，恢复中原，征召弓马娴熟者入伍，骑射之术在军队和民间亦有一定程度发展，但远逊于北方。

魏晋射猎画像砖

北方骑射之术的空前盛行是在北魏王朝统治时期。北魏太武帝戎马一生，南征北战，酷爱骑射，曾专门在长川修筑了一个规模很大的马射台，大会群臣百官于此比武射艺。由于骑射之术风靡全国，且成为经常性的体育比赛项目，到北魏末年出现了一种别开生面的争夺射箭“银杯奖”比赛。

在开放的社会风气和尚武精神的影响下，一些北国妇女甚至也喜欢上了骑射，经常是身着戎装，佩弓带箭，驰马弯弓于野外，民间广为流传的花木兰女扮男装替父从军的故事就产生于这个时期。

此外，一些少数民族入主中原后，除保持本民族传统的尚武精神，还接受了汉族传统的体育风尚和礼仪制度，很快走上了汉化的道路。比如儒学所倡导的一些具有礼节色彩的大射、燕射和乡射等活动，在北朝王公贵族中间就已经相当流行。北魏孝文帝推行汉化改革后即经常在朝殿举行大射之礼。而统一北方的青年皇帝北周武帝宇文邕更是十分推崇礼射制度，曾数次会文武百官于长安正武殿，亲行大射、乡射之礼以示倡导。

2. 围棋、投壶盛极一时

魏晋南北朝时期，士族官僚崇尚清谈、钟情宴请而对政事失去兴趣，使得向来有文雅不俗之称的围棋活动日益风行于上流社会中间。而投壶游戏能够愉悦耳目，放松心情的特点也使它深为一些帝王将相所爱。一些恨透了乱世里勾心斗角、尔虞我诈场面的文人学士，更是常常以围棋、投壶来消解忧愁，躲避尘世。因此，围棋和投壶在这一时期呈现出历史上少有的繁荣兴盛的景象。

晋武帝司马炎

西晋初年，司马炎首先把围棋引入宫廷，并常召朝臣切磋棋艺，乐此不疲。其孙早年为皇太子时也颇好此道。东晋南朝，随着清谈玄学的空前流行，弈棋之风更加旺盛，上自帝王将相，下至州郡百官莫不对弈棋产生浓厚兴趣，并以此相互夸示，就连宋、齐、梁、陈各朝君主爱好围棋者也大有人在。宋文帝刘义隆曾命人遍录当时围棋高手对局图谱，藏于后宫，视为珍宝，时常取出来把玩欣赏。

宋文帝刘义隆

由于弈棋之风盛行于朝野，南朝时不仅出现了评定棋艺高低的“棋品制”，而且还多次举行全国性的围棋比赛。

棋品制参照九品官人法，将天下棋手分为九个等级，亦称“九品”。棋手的品级往往由皇帝任命的举世公认的弈棋大师负责审查评定，或者直接在围棋对抗赛中产生，所以基本上是公正的，但也不乏一些滥竽充数者。后来，南朝产生的围棋九品制随着中日之间文化体育交流的频繁传入日本，演变为日本今天依旧流行的围棋九段制。

投壶

投壶是与弈棋之风并行不悖且得到广泛开展的一项体育活动，是一种愉悦身心的观赏性游戏，在士族、文人的宴饮交往中广为流行。其形式趋于多样化，技艺更加精巧。有一次，南齐竟陵王萧子良因与侍从通宵斗酒投壶误了早朝，齐武帝大怒，问其缘由，无奈之下，萧子良只能如实禀告，结果齐武帝听后兴趣大增，转怒为喜，要求萧子良当堂表演一番。萧子良于是振作精神，妙招连出，赢得文武百官阵阵喝彩，齐武帝大悦，立刻赏赐其绢帛 20 匹。当时的壶具已经设有双耳，一壶共有三孔，中为壶口，两旁为耳孔，耳孔小于壶口，所以投壶者要有相当的耐心和技艺才能投进，并且计算胜负时，“耳算”要加倍于“口算”。

3. 导引养生杂象纷呈

魏晋南北朝时期是中国古代养生思想和理论成熟的时期。由于战乱频仍，社会动荡，民不聊生，社会上有一大批推崇老庄、恢弘道教的文人名士，遁隐山林，嗜尚导引养生之术，以祈求苟全性命于乱世，延年益寿于形神。

东晋时期的道教理论家和养生家葛洪在他的文章中充分肯定了人类追求自身生命健康的主观能动作用，提出养生首先要做到不伤身体。他认为导引、行气、房中、服食有不同的养生效果，并提出集众方术之所长共同修炼养生的重要思想。葛洪的这一观点是中国古代养生家走向成熟的标志，在中国传统养生学史上有重要地位和影响。除此之外，因为葛洪是一个融儒学、道教、神仙学于一身的复杂人物，曲折的经历使得他对养生术有着独特的见解与研究，并且建立了一套为世家大族腐朽生活方式服务的“金丹道教”理论体系。

葛洪

魏晋南北朝时期，“重人贵生”思想是中国古代养生学的思想基础。南北朝时期著名道教养生家陶弘景在其所编撰的养生专著中对此有所体现，他认为天地万物中人最可贵，而对于人来说，生命最可

陶弘景

贵。生命是精神之本，形体是精神的载体。正确的养生方法是游心虚静，息虑无为，习练导引行气，注意生活保健，以此实现健康长寿。这种思想对中国养生学发展同样产生了深远影响。

● 嵇康

除了上述养生学代表人物之外，魏晋南北朝时期对养生学思想和理论作出重要贡献的还有嵇康、颜之推、魏华存等人。嵇康是西晋名士，可以称得上是一位在文人学士中声誉甚隆的养生导引专家，信奉西药养命、中药养生之说，主张依靠人的主观能动性来积极养生，延长寿命。颜之推的养生思想主要反映在其所著的《颜氏家训》中，在《养生篇》中，他提出养生首先应该避免各种灾祸，保全性命，同时采用多种手段来实现健康长寿。魏华存的重要贡献则是她所编撰的《黄庭经》，该书根据道教养生家们的养生实践，用宗教语言来系统诠释人体的气穴关窍，创造出来一个以精神意志修炼为主要特色的养生学体系，该书在后世备受推崇，被誉为“寿世长生之妙典”。

四 唐代体育

随着三国两晋南北朝民族大迁徙、大融合的滚滚车轮从战争的硝烟中驶过，历史终于进入了中国封建社会的高峰期——隋唐盛世。从沧桑历史的千百次辗转中，我们可以看到，经过长期战乱的打击，儒学独尊的政治地位已经受到强烈的震撼。特别是民族迁徙、融合的发展，佛道教的广泛兴起，各种新思想、新文化的渗入，极大地冲击了儒学的统治地位，也给隋唐社会带来了结构上的变化。在新的历史形势下，传统思想有所弛禁，新兴思想相继出现，步履维艰的体育娱乐等文化事业在新的土壤中汲取到充足的养分，于是重新焕发生机，蓬勃发展，创造了灿烂的前景。

可惜的是，结束长期割据分裂状态，实现国家大一统局面的隋朝，虽然也曾有过盛大的体育活动景况，但由于隋炀帝的暴政招致国家很快灭亡，体育兴盛的时间极其有限，所以最终只能如同昙花一现，很快便消逝在历史长河中，远不如唐代在中国体育史上的丰碑地位。所以在此，我们只能以唐代为主来窥探当时的体育风尚了。

由于政治稳定，经济繁荣，文化发达，唐代成为一个强大帝国。中外政治经济、文化交流得到加强，传统元素与新兴元素、本土元素与外来元素的相互碰撞、借鉴、吸收、融合，极大地刺激了人们的思想观念以及传统的社会结构，从而使得唐代社会到处呈现出一片安居乐业、太平盛世的勃勃生机、欣欣向荣之景。此时期，与强大的国力相适应，唐代体育也发展到顶点，不论是体育项目的数量，还是参加阶层的范围，抑或是竞争意识的强烈程度，都是前朝难以比拟的。

1. 体育活动备受青睐

一般来说，在中国封建社会中，宫廷文化尤其是娱乐文化往往是全国优秀文化的汇集场所，是全国各地文化的折射，同时，它作为较高层次的文化，反过来又促进并引导了民间文化的兴盛和发展。正是在这个意义上，唐代体育才具有普遍性意义，在宫廷和民间得到广泛发展。

李世民

在中国封建社会的专制制度下，皇帝具有绝对的威严。因此一定程度上，皇帝的喜好与行为总能影响到周围的环境并带动社会风气的转变。众所周知，唐太宗李世民是一位卓有文治武功的君主，他不仅以虚心纳谏、善于用人、英明果断、开创唐初“贞观之治”的繁荣局面为后人所称道，同时还是一名体育爱好者。他善于射箭，即使登基后，还每日召集数百人于殿前教习射艺，并且亲临射艺考场，射中者当即赏赐刀弓布帛之类物品。此外，他还是唐代最为盛行的马球运动的倡导者。倡导这项运动在军队和皇亲贵族中开展，仅这一点，就足以反映出他对体育运动的热爱以及对后代体育运动发展的影响了。

唐朝开国皇帝李渊，极喜欢下围棋，甚至到了痴迷的程度。唐太宗李世民也非常喜欢下棋，并且经常与臣下对弈。唐太宗还喜欢研究象棋，就连曾经做过唐太宗的才人，后来成为其儿媳的中国历史上第一位女皇帝——武则天，也是唐初为数不多的象棋爱好者。

武则天

一般情况下，宫廷体育是专门为王公贵族的娱乐而设立的，但由于唐代特殊的历史环境，特别是皇帝对体育活动的特殊爱好，使得唐代的宫廷体育呈现出与前朝不同的新气象。它已不再是单一的为帝王将相观赏的活动，而已经具有上自皇帝、下至宫女普遍参与的体育运动性质，这在中国体育史上，是一个极大的进步。

唐代宫廷中，马球运动最为盛行。在宫城和禁苑里，已经设有专门的马球场地，有些达官显贵在自家住宅中也修有球场。不仅须眉男子喜欢马球，一些体态纤弱的宫女们也投身其中，且身手不凡。出土文物中的唐代四

马球图

唐代打马球铜镜

女子击球图铜镜和唐代击球女俑更是唐代宫廷女子马球活动的实物佐证。但是因为马球运动需要宽阔的场地和优良的运动器材，所以只有在宫廷和官宦之家才能举行，平民百姓根本无人问津。

唐代宫廷中还盛行步打球活动，即不骑马的徒步打球，与现代的曲棍球极其相似。此活动是对抗性比赛，打进第一个球的球队要向皇帝跪拜，然后才能继续比赛。因为有此“跪拜”的殊荣，所以当时以能进第一球为贵。

拔河活动与农业有关，具有庆丰收的意义，在隋唐时期就有开展。不论在唐代宫廷中，还是民间，拔河活动都很盛行，当时规模之大、参加人数之多均为历史罕见。唐代的拔河比赛不再是一项简单的娱乐活动，而成为一场名副其实的体力对抗赛，“运动员”对比赛的输赢看得也非常之重。

围棋作为古代体育项目之一，早已产生，在唐代得到广泛发展。由于围棋是一项技艺博深和文雅的活动，所以尤为唐人所喜欢，不仅成为宫廷中盛行的体育活动，而且在民间，人们也把其作为一项消闲斗胜、磨炼性情、陶冶情操的娱乐活动，好尚者不乏其人。

当时，为了提高皇帝的棋艺或者供帝王贵人消遣之用，唐代宫廷内设有职业棋手，几乎都是国手，如王叔文、王积薪、顾师言等。其中王积薪的围棋理论专著《金谷九局图》，对当时及后世围棋的发展作出了积极贡献。此外，围棋在佛门、民间妇女、宫女中也广为流行。随着中外文化交流的加强，宫廷围棋还是中外文化交流的重要媒介之一。

唐代还有一种棋类运动——双陆，早在三国魏黄初年间传入中国，由握槊演变而来，因局如棋盘，左右各6路，故名。双陆在唐代风行一时，上自皇帝和达官贵人，下到普通百姓，对此甚为痴迷。

作为观赏娱乐的角抵活动，在唐代宫廷中十分盛行，并且由于角抵既是自卫的手段，又是当时健身、从军、改变处境的条件之一，技巧性很强，所以在民间同样受到重视，不仅有师承，而且有的还成为家传绝技。同围棋相似，当时为了迎合皇室娱乐的需要，唐代宫廷中也设有专门的摔跤队，并且相关的大小比赛也有很多。角抵活动也是唐代军队中的训练项目之一，宫廷中的许多角抵好手多选自地方或由地方官吏推荐。可以说，宫廷体育也是民间体育的折射。

蹴鞠作为传统体育项目，至唐代有了很大发展。鞠球在制作技术上有了质的改进，即由原来的实心球变为与现代足球差不多的空心球；在球门的制作方面，唐代在球场两端分别种植两根修竹，然后将网连于其上作为球门。球员分为两队，角逐胜负。很明显，那时候的球门与现代的足球门已经非常接近，并且唐代蹴鞠的踢法比较多样化，除两队角逐、竞争胜负的踢法外，也有表演性踢法，由于缺乏竞争性，在女子中十分盛行。

作为主要在宫廷中表演的娱乐项目——散乐百戏，在唐代发展更加兴盛。散乐百戏是一系列娱乐项目的总称，包括戴竿、走绳、蹋球、顶碗、山车、旱船等。统治阶级经常会征召散乐百戏艺人进京城表演，用以娱乐，有时也借以向外国政权炫耀。

为省去征召的麻烦，唐代皇城内广设教坊、戏场，以满足统治者娱乐的需要。此外，宫廷中还有“梨园”，主要从事歌舞、杂剧及各种技巧等活动。

除此之外，射箭、划船、秋千、抛球、舞蹈等，都是唐代宫廷民间常有的体育活动。

2. 妇女体育运动蓬勃兴起

一般说来，妇女的解放程度往往标志着社会的进步程度。唐代是一个开放型的社会，其重要标志之一就是妇女在一定程度上冲破传统礼教的束缚，走出闺门，参与社会生活。在体育活动中也是如此，她们不仅和男子一样射箭、打球、骑马、蹴鞠，而且还创造出一些自己专门的体育运动项目。

球类运动是这个时期妇女广泛参与的运动项目，不论是在蹴鞠场上，还是在击鞠场上，都可以看见她们矫捷的身影。每年寒食节，宫女们经常会在宫廷球场上进行不用球门、多人对踢式的蹴鞠。

唐代妇女蹴鞠

唐代男子热衷于马上击鞠，这种风气也对女性产生了影响。一些妇女也参加击鞠运动，但由于骑马击鞠过于激烈和危险，不适合妇女参加，于是晚唐时期，一些妇女便尝试骑在矮小温驯的毛驴背上击球，由此产生了专门的女子击鞠项目——驴鞠。驴鞠项目的产生，丰富了唐代体育活动的内容，促进了唐代及后世体育运动的发展。击鞠运动是唐代特定的历史文化背景与社会风气的产物，其比赛的激烈对抗性和规则的成熟性，在儒家思想占统治地位的古代中国是极为罕见的。

在唐代，射箭、秋千、围棋、划船等体育活动在妇女中也有一定程度的发展，这些均促使唐代妇女体育运动出现蓬勃兴起局面。

唐代仕女下围棋绢画

五　两宋体育

在中国历史上，宋代是继隋唐之后中国传统文化发展的又一高峰时期。之所以这样说，不仅仅是因为在这一时期出现了各种学派、繁荣绚丽的宋词以及官方哲学理学。随着商品经济的进一步发展，体育娱乐文化也随之取得进步，尤其在民间市民阶层中开展更为普遍。与此同时，体育的商品化趋势也日趋明显，这说明体育在人们的社会生活中正起到越来越重要的作用。换句话说，体育已经成为中国传统社会文化的重要组成部分，其在社会生活中的地位正逐渐提升，影响的深度和广度也在扩大。

公元960年，赵匡胤建立北宋政权，为中国社会政治、经济、文化的发展开辟了一个崭新的局面。为了防止唐末以来藩镇割据的局面再次出现，更好地维护和加强自身的统治地位，宋代统治者采取了加强中央集权的措施，比如从武将手中收回兵权，定期变换各地驻军将领并不时更换军队的屯驻地，以此来最大程度地降低军队内部兵将之间以及军队与地方之间形成某种利益关系，从而减少威胁政权统治的因素存在。在这里，我们不去讨论这种做法是好是坏，可以肯定的一点是，随着军队驻地的频繁更换，军队中的体育活动也随之传播到各地，这在客观上促进了中国体育活动的普及与流行，以及各地区间体育文化的交流与发展。两宋时期大兴尚武之风，推究其原因，除了因为要抵御北方辽、金等劲敌的威胁与侵扰，大概与此也有关联。

宋代理学家朱熹

理学产生于北宋仁宗时期，兴盛于南宋孝宗时。由于理学以儒家的伦理思想为核心，同时吸收了佛、道教的相关思想，要求人们安分守己，放弃改变生活的要求，所以对体育的发展也产生了一定的影响。宋代理学所倡导的自我修养方法主张以静为主，反对人们存在改变生活的要求，这与体育本身提倡运动的宗旨相背离。这种主张在一定程度上影响到人们对体育生活的追求。另外，理学过分强调男尊女卑的思想，也使得唐朝所开创的女子体育运动日趋没落，这对于中国体育发展来说，无疑是一个莫大的悲哀。

当然，任何事物都有自己的另一面，尽管理学主静的思想阻碍了力量型运动的发展，但在另一方面，也对中国古代的养生术、气功、武功产生了积极作用。只是这种微小的作用与整个社会的体育风尚比起来，实在是不值一提。

1. 球类运动风靡社会

(1) 马球

由于受到各种条件的限制，北宋时期的马球运动基本上只在宫廷、贵族、军队中开展。因为马球运动的军事训练性质，所以备受统治者重视，而且进一步制度化和礼仪化。制度化使马球运动得以定期举行，但繁琐的礼仪则极大地减弱了马球运动的竞争性，从而限制了马球运动的自由发展。

南宋皇帝也曾一度更加重视马球活动，将其作为锻炼身体、振奋精神的手段，希望借此雪洗靖康之耻。因此，马球成为当时军中常见的活动，一来可以用来练兵，二来也可作娱乐之用。当时，担任军中长官的陆游便经常在抗金前线与军队将士们一起以马球练兵、取乐。由此可见马球在军队中的地位。

南宋皇帝宋高宗赵构

“驴鞠”由唐人发明，武则天时已广为流行，当时此项运动是为适应女子体育的勃兴及女子身体特点而产生的，至宋代仍有发展。只是由于社会风气的变化，以及皇帝的反对，宋代的“驴鞠”运动已不再是女子的专项，而成为专供帝王将相宫廷宴饮的取笑逗乐的男子项目了。

值得一提的是，随着商品经济的活跃与发展，高高在上的马球运动也开始走出宫廷及豪门府第，进入社会，为广大百姓所共享。到南宋时期，由于平民体育的兴起，马球活动在平民阶层中得到进一步发展。为了适应城市经济的发展，满足人们日益增长的精神文化生活的需要，民间成立了专门的马球组织，为人们提供良好的

《宋元捶丸图》

打球条件。

另外，由马球演变成的步打球在宋代也有一定程度的发展，成为宫廷里的娱乐项目。宋代，在特殊的社会风气的影响下，随着球类运动技术和风尚的变化，步打球逐渐由原来的对抗性比赛演变成后期的非对抗性比赛，并用球穴代替球门的改进，因此在宋代产生了一种新的体育运动项目——捶丸，并且在元代得到流行与发展。捶丸运动与现在盛行于欧美的高尔夫球运动极其相似，据说欧美的这项运动正是由中国元代传过去的。

(2)蹴鞠

由于受到文弱风气的影响，宋代的蹴鞠运动尽管十分兴盛，但在比赛方式上发生了新的变化，不再像唐代那样设置双球门进行对抗，而是流行一个球门或不设球门的踢法。这种竞赛方式因为运动量不大，对抗性不强，相比于以前的双球门对抗性比赛是一种退步。但因为它技术性高、娱乐性强，不受场地限制，所以比较容易被一般市民接受，这就为蹴鞠活动的商品化提供了条件。这个时期，在两宋的民间市井中还出现了一批专以蹴鞠卖艺谋生的职业艺人。

宋人蹴鞠图

蹴鞠活动在两宋宫廷和民间，尤其是市民阶层十分流行。当时在宫廷中，为了满足皇帝宴饮时王公贵族观赏的需要，设有专门的蹴鞠队，很多帝王将相对蹴鞠活动颇有兴趣，比如，宋徽宗就十分喜爱蹴鞠，以至到了爱屋及乌的程度，他的两个宰相李邦彦和高俅都是蹴鞠能手。在民间，蹴鞠成为诸如清明节等一些节日的传统娱乐项目，史书中关于这方面有许多记载。由于这项活动开展时可以不受场地限制，技术性、表演性都很强，极具观赏价值，可以成为街头卖艺的重要内容，即便是在一些繁华都市，也可以经常见到此类卖艺者的身影。在这些卖艺者中，为了适应城市商业经济发展的需要，一些头脑灵活的人，甚至将蹴鞠等活动引入商业机制，以吸引游客。同时这也反映出宋代的商业经济在当时的确是比较发达的。南宋时期，蹴鞠活动在民间进一步发展，出现了类似于现代足球俱乐部组织的专业社团——蹴鞠社。蹴鞠社专以蹴鞠为乐，是当时踢球艺人的行业组织，也是当时富家子弟及一般闲人经常光顾的场所。

宋代的蹴鞠活动不仅在运动方式及运动规则上有所改变，在球的制作技术上也有所提高。唐代以八片皮缝合一球，而宋代制球工艺更加精致，以十二片皮缝合一球，球的形态更加标准。这些都是蹴鞠运动兴盛的结晶，反过来也推动了蹴鞠技术的提高，促进了中国体育运动的发展。

2. 文雅之戏广泛流行

因为受到文弱风气的影响，围棋、象棋、投壶等一些能够修身养性、陶冶情操的活动在宋代文人士大夫阶层中间广为流行。

(1) 围棋的兴盛

宋代文人喜欢将围棋与治国之道联系起来，他们将围棋看作是一种既可消遣，又可陶冶性情的娱乐活动，经常切磋学习，使得围棋活动在当时的文人中间广为盛

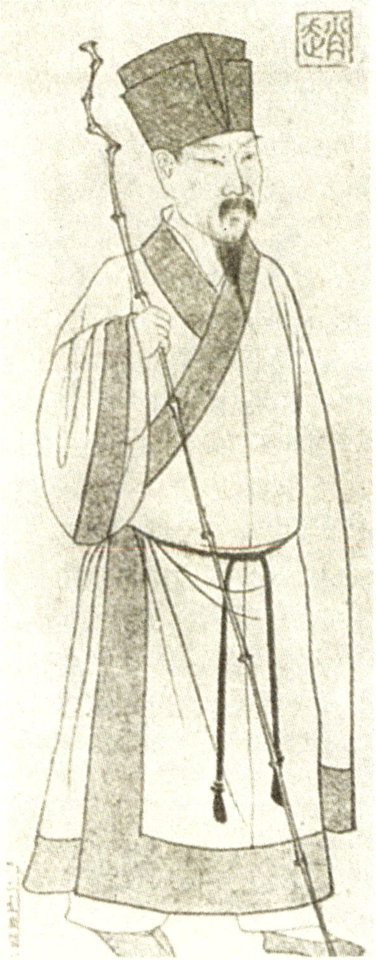

苏轼

行。比如宋代大文学家范仲淹、苏轼、王安石以及文天祥都酷爱下棋。

当然，围棋作为一项集娱乐性和智慧性于一身的传统体育活动，并不仅仅存在于文人之中。宋代，上自帝王将相，下至平民百姓，围棋活动都有开展，只是因为受到文弱风气的影响，体育风尚日渐衰微，只在文人阶层表现得更加突出而已。当时围棋在社会上相当盛行，以至在城市中出现了一批专门以围棋技艺谋生的“棋工”。

宋代围棋活动的兴盛激起了一些人总结、整理、编撰围棋理论的兴趣，各种围棋理论专著的出现对当时的围棋活动具有较好的指导意义，也对中国古代围棋的发展起到积极的推动作用。

⑵ 象棋的流行

据史料记载，宋代初期象棋也处于百花争艳的时代，着法及局式多种多样，后经过多次精简统一，发展为现在依旧流行的中国象棋模式，这种精简后的象棋由于棋路更加清晰，操作更加规范，迅速为当时社会各阶层人士所喜爱，并且成为当时及以后中国体育文化的重要组成部分。

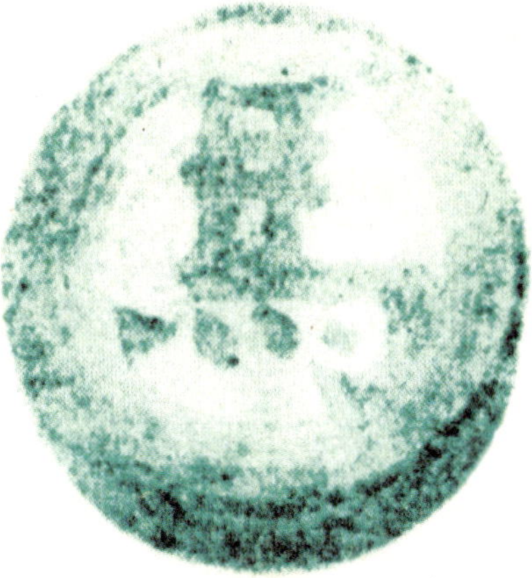

● 南宋时的象棋棋子

定型后的象棋，由于其优雅、着法多变而易学的特点在南宋时期得到推广，甚至达到家喻户晓的程度，成为当时人们日常生活中重要的娱乐休闲活动，并且当时城里的大小店铺摊点到处都可买到象棋。一些颇有名气的女棋手也相继出现，宋代著名女词人李清照颇精于象棋，有时候为解一盘棋局，甚至废寝忘食。

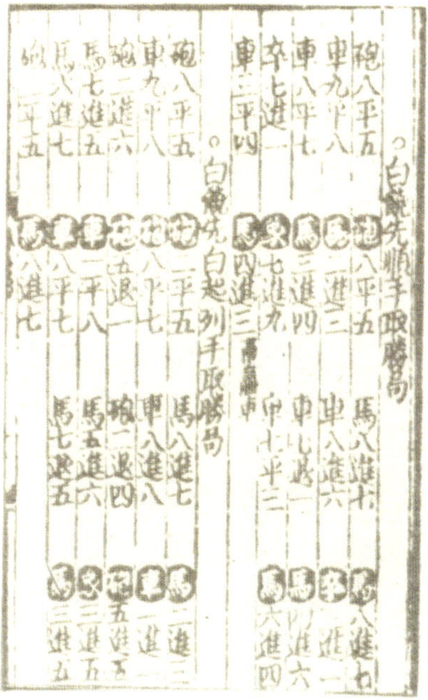

○白先顺手取胜局

炮八平五 車九平八 車八平七 卒七進一 車二平四

○白先白起列手取胜局

炮八平五 車九平八 炮二進六 馬七進五 馬八進七 炮一平五

● 《事林广记》刊载的象棋全局谱

经过众多象棋爱好者的不断研习、创新，逐渐丰富了象棋的着法，南宋时期已有棋局的相关记载。比如《事林广记》中就记载有 30 个象棋残局的名称，这些象棋实践经验的总结，对于后世象棋技术的提高起到不可忽视的重要推动作用。

⑶投壶的活跃

两宋时期，投壶活动非常流行，这主要是因为在投壶活动中贯穿有儒家礼仪的色彩。在文人士大夫看来，投壶活动不仅仅是一项宴会间的娱乐活动，重要的是，这项活动讲究谦让之辞，体现并继承先王之礼，又能愉悦身心，这与两宋时期主静的风气相符合，所以随着马球、蹴鞠等一些具有激烈活动性质的活动逐渐被文人士大夫所摒弃，投壶活动一直活跃于文人士大夫中间，并且成为文人体育的主要内容。

投壶活动在两宋文人士大夫中有着广阔的市场，文人对投壶的兴趣并没有因为投壶活动技艺的多样化以及娱乐性的增强而减弱，相反，宋代文人士大夫不论是宴请宾客，还是谈文赋诗，都喜欢进行投壶之戏。宋代诗文中的许多名句都与投壶活动有关，一些征战沙场的武将甚至也对这项活动情有独钟，抗金名将岳飞便是其中一例。

3. 水嬉活动盛况空前

北宋初期，全国尚未实现统一，在平定南方的过程中，为了做好充分准备以适应南方多湖泽的特殊地理环境，宋太祖赵匡胤十分重视对水军的训练，多次亲临军中观看水战演习。至统一南方后，宋太宗曾对宰相说过这样一段话，水战是用来平定南方的，现在南方各地已经平定，水战不适合再用。经常操习，意在告诫人们不要忘记战争。此后，宋太宗还特意下诏修筑金明池，大练水军。一时间，金明池不仅作为训练水军之用，而且也被作为水嬉场所。不过随着时间的推移，水上练兵活动逐渐

《金明池夺标图》(宋画)

趋于象征性，而作为娱乐健身活动的水嬉则愈加兴盛起来。北宋时期的大型水上活动颇具特色。史书《东京梦华录》中就载有关于皇帝观看水嬉场面的详细描述。

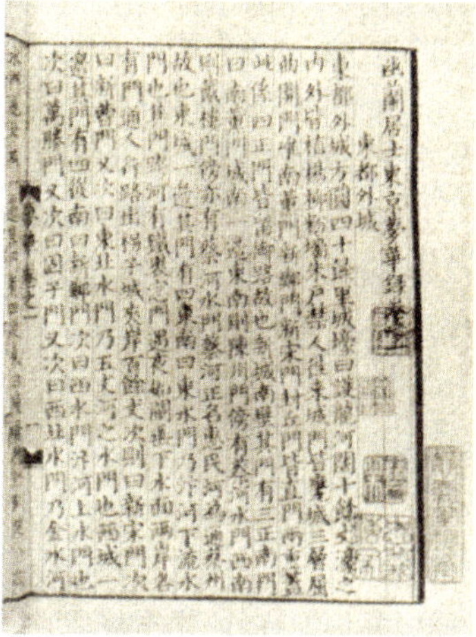

幽蘭居士東京夢華錄卷之一

東都外城

《东京梦华录》

任何一种娱乐文化都是社会活动的产物，并且在它产生后也要服务于社会环境。当时，水嬉在宋代军中开展较为普遍。南宋时期，平时的水嬉曾被用于抗击西夏、金的战场上，为军事服务，并且起到显著效果。例如抗金名将刘琦率领部队抗击金军时，金军用船运送粮草补充军需，刘琦派军中善于潜水者暗中将金军木船凿穿，使其沉没，结果金军粮草断绝，无力抵抗，宋军大获全胜。

即便是在宋室南渡、大敌当前的社会环境下，水嬉活动依旧十分盛行，钱塘弄潮便是当时颇具特色的水上活动，每年钱塘江潮水涨起时，便有大批的弄潮儿披发文身，手持彩旗，迎潮而上，奋勇争先。一时间，彩旗在湖面上穿梭往来，如同千帆竞渡，引人入胜。钱塘弄潮的风尚表现出极强的生命力，并逐渐融入当地的节日风俗中，成为中国优秀历史文化中一道亮丽的风景。

4. 相扑运动精彩激烈

相扑，其实就是西周时的"角力"，秦以后的"角抵"，现在的"摔跤"。但宋代的相扑与现代意义上的相扑还有很大的差别。

宋代，随着城市经济的发展，越来越多的人开始追求精神生活，相扑运动于是成为两宋时期城市娱乐活动的主要内容。宋代相扑活动最为兴盛的是民间。在北宋都城汴京，当时出现了许多供一般平民游乐的场所，那里一般都有相扑表演。每年的庙会上所演出的百戏中，相扑表演也是其中的必备项目。并且当时的小孩子也加入了相扑行列，形成了颇具娱乐性与商业性的"小儿相扑"。即便是在南宋，相扑活动也得到蓬勃发展，民间相扑之风愈演愈烈，以至于在当时的民间，出现了许多相扑运动的专业组织，组织中的成员大都是职业相扑手，并且高手辈出，能手极多。这种相扑组织的出现，使相扑活动从其他体育活动中独立出来，自成一系，有了专门的表演班子和演出场地。这对于促进相扑运动技艺的交流与发展，以及相扑活动的普及具有积极意义。除了一般民间表演外，两宋时期还出现了高水平的打擂式正式比赛，这种比赛一般由官府出面组织举行，选手多是各地相扑高手。比赛往往具有极高的对抗性与观赏性，所以深受群众喜爱，当时获胜选手不仅可以得到丰厚的物质奖励，而且还有机会得到官府赏识，擢升为官。

与其他体育活动鲜有妇女参加形成强烈对比的是，两宋时期的相扑运动在女子之中依旧十分盛行。不论是街头卖艺，还是民间市井，抑或是王公贵族的宫廷宴会上，随处可见女子相扑的场面。在市井之中，一些卖艺者还以女子相扑作为开场戏以吸引观众。

此外，两宋时期的军队中也很盛行相扑运动，当时的军队中设有专门的相扑队，入选相扑队的人都要经过严格的定期考试来录取。这种定期以考试入选相扑队的制度，不仅可以促进相扑技术的发展，而且也反映出两宋时期统治者对相扑活动的重视以及相扑活动在社会上的流行程度。

六　辽金元体育

在宋王朝统治的300余年里，有一些少数民族政权，如辽、西夏、金以及建立元朝的蒙古汗国等经常活跃在宋朝的整个北方地区边境，这些少数民族多以勇武剽悍、骁勇善战著称。这些少数民族政权与汉民族间不论在经济、政治还是文化上都有着比较密切的交往，有些政权甚至还一度成为中原地区的统治者，所以在民族融合的过程中，这些少数民族政权不可避免地在不同程度上都会受到文化融合的影响，当然也包括体育习俗的影响。因此，一些少数民族也不同程度地吸收了一些中原地区的体育文化，比如蹴鞠、捶丸、秋千、武术等，这些体育活动在当时的宫廷中，深受少数民族统治者的喜爱。

辽、金、元时期的体育活动丰富多彩，并且有些体育项目还达到了新的发展高度。骑射、角抵、长跑、马球、田猎活动无疑是其体育习俗中的主要组成部分，也是最为精彩的部分。而这些运动剧烈、竞争激烈、对抗性强的体育项目之所以会在辽、金、元人们中间如火如荼地开展，则是这些体育活动与这些少数民族的传统生活习俗相符合的结果。

1. 骑射习俗风格独特

在中国历史上，一些少数民族，比如建立辽政权的契丹族、建立金政权的女真族以及建立元朝的蒙古族，都是善于骑射的民族。由于特殊生活环境的影响，他们居无定所，以渔猎为食，以车马为家，常年处于迁徙状态，这不仅造就了他们剽悍强健的体魄，而且也培育出了他们骁勇善战的性格。为了生存，他们要学会猎取食物，而要猎取食物就必须要具备良好的射箭技能，所以骑马射箭成为他们日常生活中最基本的技能，同时，也是他们练兵与娱乐的重要活动内容。

当时的辽国，每年都要举行射兔比赛。赛前，先把用木头雕好的兔子固定住作为箭靶，然后参赛者分成两组，分别上马射之，先射中的一组便为胜者。失败的一组要下马向获胜组敬酒祝贺，而获胜者则要在马上将酒一饮而尽。同辽国的契丹族一样，女真族也是举族上下都善于骑射。女真族灭掉北宋之后，为了维护自身的统治地位，保持本民族的特点，女真族统治者一再强调女真人的骑射活动。而且，骑射技能还成为当时女真

辽代《射猎图》局部

人科举取士、选官纳贤的基本条件。由此可以看出，骑射习俗在金人的日常生活中占有十分重要的地位。只是后期，随着社会生活环境和生活方式的变化，骑射习俗在女真人的生活中日渐松弛。

作为以骑射立国的元蒙民族，尤其擅长骑射之术。元代，任何百姓家中，男子在 15 岁以上 70 岁以下，不分老少都要入军为伍。战时上马就能战斗，闲时又能放牧耕养，并且守边将士均是善于骑射者中的精锐之士。那时，凭借精湛的骑射之术，元蒙民族创下了横扫欧亚、灭西夏、吞金宋、统一中国的辉煌战绩，骑射之术也逐渐成为元蒙民族的传统体育习俗。

由于受到中原文化的影响，一些少数民族政权还将本民族的骑射技能列入到武举考试项目之中。比如马射、步射等，并且还制定出一系列考试标准，一定程度上促进了骑射作为一项体育活动的持续发展。

2. 角抵活动备受青睐

对于常年牧猎的牧民族来说，角抵活动正好与他们粗犷豪放的性格以及强烈鲜明的尚武精神相符合，所以角抵活动在他们中间流行甚广，甚至融入到他们各自的节日习俗当中，成为他们的传统体育习俗内容之一。

辽金时期，角抵活动受到人们的广泛喜爱，并且得到普遍开展。一些角抵高手还时常被用作统治者的贴身侍卫。元代统一中国后，统治者禁止汉人习武，相反地，却大力推行角抵活动，所以当时角抵活动在北方少数民族间广为流行，在元代统治者内部也小范围地开展。历史上有这样一个有趣的故事：蒙古海都王的女儿爱扎路克是一位角抵高手，坚持要找一位既是贵族，又能在角抵比赛中战胜她的人作为自己的丈夫，否则，宁愿终身不嫁。消息一经传出，各地官位显赫的青年男子纷纷前来与她较量。当时，爱扎路克立下的比赛条件是：如果男子获胜，自己将嫁给对方作为妻子；而如果对方失败，则要输给自己100匹马。据说当时很多男青年都败在她的手下，她赢来的马匹甚至数以万计，而爱扎路克最终也没有找到自己的如意郎君。这虽然只是一则故事，但是从这则故事中我们可以看出角抵活动在当时受到的重视程度及它在人们心中根深蒂固的地位。

3. 长跑运动别开生面

元世祖忽必烈

因为长期迁徙和逐猎的需要，建立金政权的女真和建立元朝的蒙古族人不仅具有良好的骑射技能，而且能逐善跑。这在金、元政权建立后的政治角逐中表现尤为明显。金元时期，为了能够及时传递军情、命令，统治者在京城均设有急递铺，急递铺中的急递者都是经过严格训练而善于长跑的士卒，主要负责快速奔跑传递文书，传说急递者可以日行300里而不知疲倦。元世祖时沿用金制，专门组成一支能跑善走的禁卫军——“贵卫赤”，主要负责都城的警卫工作。当时也设有急递铺，每铺间隔 10～15 里，铺卒以接力的方式，腰系皮带，并配有长枪、雨衣，负责传递文书，一昼夜可以行 400 里路。现在看来，其职责与现在的邮递员很相似，同时，这也是长跑运动的前身。

4. 马球活动欣欣向荣

马球运动需要有精湛的球艺与娴熟的骑术作为最基本的技能，正因如此，马球运动一直为统治者所重视，成为练兵手段和极富刺激的娱乐项目。辽、金等少数民族政权因为受到地理环境、生活习惯以及社会风俗的影响，自古以来，都有善于骑射的传统和强烈的尚武精神，所以具有强烈竞技性与挑战性的马球运动自然成为他们喜爱的体育项目之一。

辽代统治者大多对马球活动极为喜爱。当时，在辽的皇城内设有专门用于马球比赛的球场，宫廷中的王公贵族空闲时间经常会云集到皇城球场展开一场场激烈的马球比赛，甚至连皇帝自己也经不住马球比赛的诱惑，经常加入到队伍中间去。而且，马球活动在辽国并不仅限于在皇宫中开展，在其他地方也很流行。由于马球运动与一些草原民族善于骑射的生活习性相符合，所以也受到这些民族的重视与推崇，当时善于击球的人往往很容易得到统治者的青睐，从而有机会步入仕途。据史书记载，辽国的马球活动方式与中原基本一样，而且水平很高，各种马球比赛也很常见。

金人继承或借鉴了辽的习俗，将打马球作为习武的手段和方法。由于这项活动适应了该民族善于骑射的风尚，所以得到迅速普及，并且受到金人的普遍喜爱。当时，上自皇帝下至平民，无不对马球产生浓厚的兴趣。马球运动在金国的臣民中是颇受欢迎的，因为马球的主要工具——马对于草原民族来说极为常见，所以一般平民也可参与，这就极大地促进了马球运动的开展。

契丹人引马图

对于金人来说，马球活动不仅可以起到娱乐的作用，而且还可以体现金人骑射的优良传统，所以金人对马球活动极为痴迷，即便是在战乱纷争的年代，金人也不忘忙里偷闲，跃马挥杖，驰骋球场。比如完颜宗翰和完颜宗望在俘获宋徽宗、宋钦宗时，北归途中也不忘露两手球技，并且还强迫宋徽宗为此赋诗一首。除了借马球活动来保持女真人的骑射传统和尚武精神外，为了鼓励民众击球习武活动，金朝统治者还别出心裁，一度将马球活动纳入选拔进士的考试科目当中，这种情形一直持续到金章宗时才结束，可见马球活动在金人心中的地位。

女真建立政权后，随着民族融合的进一步加强，汉族的优秀文化逐渐渗透到其思想意识之中，传统的儒家思想日渐被金人所接受，在这种情况下，充满尚武精神的马球活动在金人心目中的地位开始衰落，直至被视为是市井无赖的恶习。

5. 田猎骑射长盛不衰

田猎活动从一开始产生便贯穿于人类社会发展的始终，具有极强的生命力，尤其是在具有骑射传统与尚武精神的辽、金、元时期，因田猎活动能够从很大程度

元代狩猎图

上体现并保持其民族的传统习俗，所以受到广泛的喜爱与推崇，长盛不衰。

这一时期，辽、金政权的统治者十分重视田猎活动，当时，很多统治者都能征善战，武艺精熟，对田猎活动具有浓厚的兴趣，经常借田猎活动来锻炼身体、练兵习武。在这些帝王之中，甚至出现了一些具有极高射技的高手，比如能力射猛虎的金熙宗以及一箭双鹿的金章宗。在习武练兵方面，有时田猎的规模非常大，经常是人数过千，穿府过县，浩浩荡荡。金废帝时曾有过一次田猎活动，征调猎手达 2 000 人。

元代的田猎设置了专门的猎场，猎场内住有侍奉田猎事宜的猎户，在每年的冬春之际，配合天子田猎。相比于辽、金时期的田猎规模，元代可以算得上是历史之最了。在一次围猎中，田猎人数竟然多达 20 000，并且还有众多经过特殊训练的猛犬、狮子、豹和鹰隼等协助追捕猎物。可见田猎活动当时在人们心中的地位。

骑士出猎后歇息饮宴图

七 明清体育

明清时期可谓是中国封建经济持续发展和专制主义中央集权高度发展的阶段，不论是在经济、政治上，还是在文化上，抑或是从中外交流方面来讲，明清时期所达到的发展高度均前所未有。

明清时期，商品经济高度发展，城市功能相对完善，繁荣的经济为政治和文化的发展奠定了坚实的基础，而完备严格的政治制度以及浓厚活跃的文化氛围反过来又为经济的发展提供了强大的动力。在这一时期，体育文化的蓬勃兴盛自然不可忽视，比如，武术运动空前活跃，骑射、田猎技术持续发展，角抵、水嬉异常活跃，儿童体育蓬勃兴起，养生导引广为应用，棋类活动高峰迭起……这些都使得明清时期的体育处处呈现出一片蓬勃向上的繁荣景象，并且在整个中国体育习俗的发展史中也是浓墨重彩的一笔。当然，在一些体育活动依旧保持旺盛的势头向前发展的同时，一些传统体育项目如球类活动和妇女体育在这一时期则呈现出衰落势头，这无疑成为中国古代体育习俗中的一大憾事。

总之，在明清体育大潮的发展势头下，各种体育活动均有不同程度的发展，他们共同构成了明清体育习俗的主要内容，并且反映了这一时期的体育风尚。

1. 习武热潮蓬勃兴起

明代以前，以军事武术为主要内容的武术活动多应用于军事战争，成为士兵们的一项基本技能，而单纯以强身健体、亦具有攻防性质和完整套路的武术还未真正从军事武术中分化出来。至明清时期，由于商业经济的高度发展，体育的商业化趋势更加明显，再加上特殊的社会环境，使得武术活动逐渐从军事武术中分化出来，成为一个专门的种类，特别是火药在军事战争中的广泛应用，强大而明显的作战优势完全超过了传统军事武术所能达到的效果，这个时候，传统武术中的拳术和兵器武艺开始广泛应用于强身健体，形成了现代意义上的武术项目。

明代，一些游牧民族长期活动在北方边境，并且与明政权处于对立状态。为了防御少数民族政权的入侵，避免重蹈覆辙，明代统治者在恢复经济发展的基础上，除了加强军队培养以及士兵武艺训练外，还取消了元代禁止民间习武的政策，一时间，各种武艺在民间广泛兴起并得到蓬勃开展，蔚然成风。一些地区还形成了独特的地方特色，这些各有所长的武术技艺的出现与发展，为明代武术的发展与流派的产生奠定了坚实的基础。此外，外部原因也推动了武术运动的普及。14～16世纪，倭寇在明朝沿海地区大肆侵犯，极大地破坏了沿海人民正常的生活环境以及社会秩序，并且给当地人民带来了沉重的灾难，在这种局势下，明政府开始重视海防，采取各种措施抵御外患，且效果显著。但是后期，随着明朝军队的腐化，倭寇活动再次猖獗，沿海人民不得不自己行动起来，担负起保家卫国的重任。这极大地带动了沿海地区民间习武之风的兴起。在民间抗倭形势的影响下，明朝统治者决定重整军队，一些著名的爱国将领比如俞大猷、戚继光等相继出现，通过招募新军以及严格的军事训练，终于彻底解决了沿海地区倭寇的侵扰问题。这就是历史上赫赫有名的明代抗倭战争。

戚继光

清代，满人统治中原，由此满汉之间的民族矛盾变得异常尖锐。为了维护巩固自身的统治地位，清王朝的统治者十分重视建立一支具有强大作战能力的军队，并且当时各地都设有重兵防范。在这种社会环境下，与满人尚武、重骑射的传统习俗相一致的武术活动自然在清朝军队中得到广泛开展。清朝统治者对于军队的武艺活动尤其重视，当时军队中各个兵种都设有自己专门的训练计划与训练制度。除此之外，为了避免人民的反抗，清朝统治者模仿元代，禁止民间从事习武活动，但结果往往事与愿违，此举非但没有起到遏制人民反清斗争的作用，反而进一步激化了满汉民族之间的矛盾以及民间习武活动的开展。当时，不少文人受到习武之风的影响，开始研习武术，直至成为文武兼备的学者，在中国体育史上留下不少脍炙人口的佳话。比如清初著名的思想家、史学家黄宗羲就极善技击，其父亲因为被奸党所杀，所以他曾立志入京为父报仇，并大获成功。学者顾炎武不仅在学术上颇有成就，而且武艺也极为出众，清兵南下时，他曾亲自率领民众进行过抗清斗争。此外，还有王夫之、陆世仪、颜元等一批极具民族气节、文武兼备的著名学者。反清斗争失败后，他们多归隐山林，或主持书院，在他们的倡导下，大量知识分子纷纷投身习武热潮。另外，普遍存在于民间的宗教及秘密结社组织也是促使清代习武活动十分兴盛的一个重要原因。由于广大汉族人民不满清王朝的镇压，反清情绪十分高涨，宗教与结社组织于是由

黄宗羲

颜元

公开进行改为秘密进行，并且由集中变为分散，遍布全国。这些宗教组织和秘密结社思想上贯彻的是经典教义，而暗地里则组织民众大兴习武热潮，为后来的起义做准备。当时各地教首均设立支派，发展力量，由此形成支派林立、名目繁多的局面，这种情况的出现对于武术的传播、发展都起到积极的推动作用。

嵩山少林寺僧普遍练武并以武功见长，是明清武术高度发展的典型事例之一。明正德年间（1506～1521），少林寺已“以搏名天下”（曹秉仁《宁波府志》）。嘉靖三十二年(1553)，少林僧众参加了江南御倭之战，“骁勇雄杰”，数年间屡立战功（张鼐《吴淞甲乙倭变志》

少林寺壁画僧人习武图

卷下)。可见少林武术具有实战之效。据《日知录》卷二十九"少林僧兵"条记少林寺僧月空率僧徒数十人在松江与倭寇激战,全部牺牲,顾炎武赞其"能执干戈以捍疆场"。另一方面,少林寺僧常以精彩的武术表演接待香客和游人。由于少林武术影响较大,逐渐形成著名的"少林派"。

少林校拳图

清兵入关后,少林寺的地位开始下降,因为少林寺的僧众曾多次参加反清复明的活动,所以清朝统治者想方设法限制少林寺的发展,并且曾借口少林寺多明朝遗臣,派兵焚烧了这座寺院,逼迫寺僧出走。然而,这并没有抑制少林武术的影响,相反,因为僧徒四散,少林武术得到更广泛的流传,对民间武术的发展起到积极的推动作用。

随着明清时期城市经济的发展,盛况空前的武术活动在城市中也很活跃。在当时的都城北京随处可以见到形形色色的武会以及身怀绝技的武林高手或者想从武术中探求养生之道的达官贵人。明清时期的武术活动热潮，使中国武术在这一阶段有了真正意义上的新发展，不仅更加强调自身的健身、娱乐作用，而且形成了完整的体系，分化成“内家”与“外家”两大流派。同时，这一时期的中国武术还形成了完整的武术结构，许多拳械之术都有了完整的套路，不但可以用于攻防，而且也可以全面有效地锻炼到身体各部位，动作紧密连贯，富有节奏，更加有利于武术的学习和传播，并且长时间积累下来的丰富的武术经验也催生了许多武术理论专著的出现，尤其是《纪效新书》中关于当时拳法、刀法、枪法、棍法、射法等武艺的描述对于后世产生了积极影响。总之，武术活动的广泛开展反映出人们对体育娱乐文化的追求。由于武术具有多方面的实用价值，所以深受人们喜爱，历久不衰。

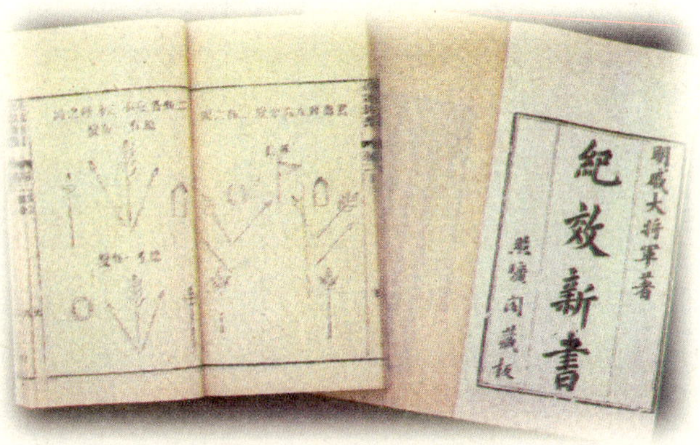

戚继光写的《纪效新书》

2. 骑射习俗持续发展

历史上，能够历朝历代长盛不衰的体育活动为数不多，而骑射便是其中之一。骑射作为中国古代军事作战的基本手段以及北方游牧民族的传统习俗，历来深受重视，这种现象即便是在明清时期也很突出。

明朝初年，统治者十分注意培养文武兼备的人才，将骑射作为军队训练和学校教育的主要内容。明太祖朱元璋是一位很有治国方略的帝王，他主张官员必须文武兼备。当时不仅武举要考骑射，文考也包括骑射项目。所有的学校除了学习四书五经之外，都要设立骑射科目，并将其列为考试内容。所以，当时骑射活动不仅在军中将士间十分流行，而且在儒生文臣中也广泛开展，许多进士出身的文官都有一身不错的骑射本领。这种风尚上行下效，也带动了民间骑射活动的开展，当时民间百姓中善于骑射的高手比比皆是。明末农民领袖李自成便是一位骑射高手，据说他可以在 50 步开外的地方轻松射中刀柄。

李自成

同明代有些相似，清代除了强调骑射在练兵习武中的作用外，也十分注重对八旗子弟的骑射教育。尽管当时火器有所发展，一些重炮开始用于战争并且发挥了不小的威力，但是骑射在作战中仍具有不可替代的作用。由于清满旗素以狩猎为生，以骑射为本，所以清军入关后，狩猎活动从不间断，并且还设有皇帝猎场，每年都要举行大规模的田猎活动。清朝统治者不仅大力提倡骑射活动而且身体力行，乾隆帝一生爱好骑射，并且技艺超群，连很多骑射高手都自愧不如。他曾在一次野外狩猎时一箭射中双鹿，一时成为京城美谈。长期的骑射活动使他保持了良好的身体状态，即便是在80岁的高龄，也经常率军进行大规模的田猎活动。由此可见，骑射活动不仅可以用来练兵习武，提高军队的战斗力，而且还可以增强体质、振奋精神，起到延年益寿的作用。

郎世宁画乾隆像

清朝的骑射活动虽然十分盛行，影响也很广泛，但清朝末年，随着具有巨大作战威力的近代兵器的广泛应用，骑射活动渐渐失去其军事意义，不再具有实战价值，而只是作为一项可以强身健体的娱乐性活动保存下来，至今在各国和世界的体育竞赛中，仍然设有射箭项目。

3. 棋类活动高潮迭起

明清时期，棋类活动在宋元发展的基础上，十分兴盛，开展广泛。

元代下棋图

(1) 围棋

围棋之道以兵家、道家、易家思想作脉络，在简单的黑白世界里，体现着中国人民的智慧。这项活动处处活跃着智慧的因素，棋局变化多端，高深莫测，不仅可以起到修养身心、陶冶情操、锻炼意志的作用，而且还能培养高瞻远瞩的能力。所以一直以来，围棋不仅在平民百姓中有广阔的市场，并且还受到一些政治家、军事家的青睐。

明代，因为统治者的提倡以及民间围棋竞赛的推动，围棋在这一时期得到了长足的进步，显示出更加蓬勃的生机。因为统治者对围棋活动的特殊喜好与大力推崇，许多人便以围棋作为进入仕途的手段。明代国手相子先曾被召入京城与楼得达对弈，结果棋逢对手，相子先屡屡败下，只能认输，皇帝于是命吏部授予楼得达官职。明孝宗时，曾让国手赵九成入殿与众多高手取弈，结果赵九成轻松取胜，而且棋法皆出自棋谱之外。明孝宗大为欣赏，当即给他封官赐赏。

明代围棋在文人雅士中也很盛行，并且经常与吟诗作赋联系到一起。当时民间各地设有专门的弈棋社团，大大小小的围棋比赛随处可见，围棋比赛的冠军还被誉为“天下第一手”。因为不同的地域环境的影响，一些弈棋流派也相继产生，比较著名的有“永嘉派”“新安派”“京师派”。各派均由当时名扬天下的高手所创，并且风格各异，攻防布局也有不同，逐渐形成了有自己特点的棋风。

除此之外，围棋在妇女、儿童中间也很受欢迎，随着围棋活动的广泛开展，一些高水平的围棋谱也应运而生，比如林应龙的《适情录》、许谷的《石室仙机》、刘仲达的《鸿书》、诸克明的《秋仙遗谱》、冯元仲的《弈且评》和《弈难》等，都对当时的围棋活动的经验作了比较系统完整的总结。这些围棋谱的相继出现，也反映出围棋之风在当时的广为盛行。

清代的围棋之风较之明代更加兴盛，并且有过之而无不及。围棋技艺在这一时期达到了一个崭新的高度。清代乾隆嘉庆时期，围棋活动甚至出现了中国古代体育史上的最后一个高峰期。棋坛霸主也已经不再是一人当家，而变成多人称霸，比如当时被誉为“四大家”的梁魏今、程兰如、范西屏、施襄夏。其中梁魏今与程兰如齐名，而范西屏与施襄夏则师出一门，四人在棋艺上各有千秋，难分上下。据说，有一次，范西屏与施襄夏对弈，10局过后，依旧平局，不分胜负。当时的围棋评论家在分析二人的棋风时这样概括，范西屏如神龙飞天，变化多端，而施襄夏则如老骥伏枥，固守城池。后来两人还总结各自的实战经验，均有棋谱流传于世，对后世围棋的发展产生很大影响。

(2)象棋

明代，象棋活动的广泛盛行，涌现出众多象棋高手。当时的象棋高手对棋非常痴迷，经常挟棋行走江湖，寻求对手，许多人也因此名扬天下。明末著名棋手朱晋桢便是一例，朱晋桢曾在棋坛闯荡了30余年，广泛与名手对垒，吸取众家之所长，积累了丰富的实战经验，直至天下无敌。除此之外，他还为后人留下了宝贵的象棋专著——《桔中秘》，此书一经出现便受到时人的推崇，至今依旧为象棋爱好者所称赞。

此时期，大量象棋专著的出现也成为明代象棋活动兴盛的显著标志。各种专著在象棋布局、残局上的论述形成了比较完整的体系，规律性更加突出，所以深受一些象棋研习

《桔中秘》朱晋桢著

者的喜爱。这些著述的出现一方面反映出了明代象棋的发展水平，另一方面也为中国传统体育文化作出了宝贵的贡献。

清代，象棋技艺水平已经发展到了一个新的阶段，涌现出大批象棋高手及象棋理论专著。当时，清代民间已经形成了九大象棋流派，即毗陵派、顺天派、大同派、武中派、武林派、洪都派、江夏派、中州派、彝陵派，由于各派荟萃众多象棋名手，所以红遍一时，名声远扬。在棋谱方面，众多佳作更是层出不穷，这其中，以王再越的《梅花谱》最为有名，因其对棋局研究独树一帜，自成一家，所以即便到了今天，在棋坛上仍享有盛誉。

除此之外，满清统治者为了显示本民族的尚武精神，在传统象棋的基础上创制了“满洲棋”，以此提高自己在百姓中的形象。满洲棋一方与中国传统象棋一样，共 16 子；另一方除了将、士、象、兵不变外，仅剩 3 个子，但可兼作马、车、炮使用。因此，持三子一方往往能够在对方守境内纵横穿梭，对方一旦稍有疏忽，则全盘皆输。正因如此，满洲棋在当时并不盛行，颇受冷落。

清代冰嬉图

4. 冰嬉活动引人入胜

冰嬉又称“走冰”。它是冰上活动的泛称，也是古代满族传统的滑冰活动。由于它具有练兵、健身、娱乐的三重意义，且活动轻巧灵便、花样繁多，故深受人们喜爱。满人入关后，冰嬉活动广泛开展，迅速成为北方地区特有的体育习俗。

冰嬉活动从形式上大致分为两种，一种是单纯的冰上竞技，类似于今天的速度滑冰；另一种是在滑冰的同时要表演各种花样和杂技，类似于今天的花样滑冰。除此之外，还有冰球、冰舞等。在民间还有“冰床”之戏，类似于现在的滑橇。

满族祖居寒冷的东北，特殊的地理环境使他们形成了冰雪运动的传统。清朝，滑冰很早就成为满族八旗军的军事技术和体育训练项目。清王朝统一全国后，统治者对冰嬉活动依旧非常重视，规定关外水师冬季结冰后，都要练习溜冰，并且把八旗滑冰列入庆典制度，每年都要在北京举行大规模的滑冰检阅大典，届时皇

帝会亲临现场检阅八旗兵将的训练水平。现在保存于故宫博物馆的乾隆时所绘的《冰嬉图》，生动地再现了当时丰富多彩的冰嬉表演场景。

清代的冰球运动实际上是传统蹴鞠运动的演化，并不等同于现代意义上的冰球，它原本是满族八旗的训练手段，后来逐渐演变为一种娱乐性很强的竞技运动。冰球比赛一般不设球门，以得球为胜，要求参赛队员具备良好的冰上追逐与速滑能力，因此往往有很强的观赏性，深受人们喜爱。

冰舞则是一种冰上杂戏，主要在民间盛行。表演者穿着特制的冰鞋，在滑行中作出各种精彩的表演，由于表演项目花样繁多，引人入胜，同样受到时人的青睐。

除此之外，还有射天球、冰上舞幡、冰上争标等活动，均具有极高的观赏性与娱乐性。不论是在宫廷中还是在民间，都得到广泛开展。

5. 摔跤之风空前兴盛

宋元时期大兴相扑之风，这种风气在明、清时期更为盛行，尤其是在清代，不论是其开展的广泛性，还是发展的水平之高，均超过前朝各代。

明代沿用唐代旧制，以摔跤为角抵。这一时期，摔跤除了用来练兵习武、娱乐观赏外，在民间也得到广泛的开展，并且此时关于摔跤的理论专著也已出现。只是从有关史料上来看，明代的摔跤不论是在宫廷还是民间，其规模和声势远不如宋元时兴盛。

与明代不同，由于摔跤是满族的传统体育习俗，所以清军入关后，这项活动显得异常活跃，使得明代呈现出衰落之势的摔跤运动重新得到振兴。

清代的摔跤手主要分为两种，一种是“官跤”，即食朝廷俸禄的人；另一种则是“私跤”，主要指那些以摔跤卖艺为生的人，他们多活动在各大集市和卖艺场，并且数量众多。此外，当时的民间还有不少私跤场所，专门从事传授摔跤技艺的工作。

可以说，清代摔跤活动的盛行正是统治阶级的民族体育习俗继承和流行的结果，它在一定程度上也丰富了中国古代体育的内容，促进了中国古代体育活动的发展。

结束语

驻足回望，悠悠华夏，巍巍中华，中国体育五千年漫长而曲折的发展史如同一部鸿篇巨制，深邃浩瀚，熠熠生辉。不论是规模的雄浑阔大，还是内容的深刻隽永，都足以令每一位光顾过这里的人们在不经意间产生心灵深处的共鸣，并深深为之震撼与陶醉。

当然，书中的内容毕竟有限，历史长河中沉淀下来的众多精彩的故事还等着你我共同去探索与发现。我们相信，新的旅程中，中国体育会像绚丽的烟火继续照亮华丽的夜空，更多神奇的故事会在你我的讲述中代代相传，历久弥新。

HISTORY of Chinese Civilization

中華文明史話

History of Chinese Civilization

History of Sports

by *History of Chinese Civilization* Editorial Board

Encyclopedia of China Publishing House

Introduction

Sports play an important role in people's life. It is an essential means for people to exercise, enhance health and extend their lifespan. With the form of athletic contests, sports have constituted a part in people's cultural life, thus become a ligament joining people all over the world together. In China sports are also known as sport activities. In the course of their emergence and development, with rich content and vast variety, Chinese sports are closely bound up to the political-economic development as well as the scientific and cultural advance of the whole society.

In the primitive society, because of the needs for food hunting and calamity resistance, such simple body activities as running, jumping, climbing, surmounting and throwing generally became the basic skills in the people's daily life. Though these activities can be considered as primitive sports, the sports at that time were still at their infancy because they had never been separated completely from people's production activities. During the Spring and Autumn–Warring States period, the wars frequently broke up between and among states and the military activities were greatly developed. As a result, the ironware came into being, which highly promoted the social productive forces. All of those had created favorable conditions for the variety of sports. In the Han dynasty, the stable society, prosperous economy, and active social environment assured all kinds of sports activities be carried on extensively. During the periods of the Wei, Jin and the Southern & Northern dynasties, the doctrines of the metaphysics, the Buddhism and the Taoism were prevailing. They greatly shocked the thought of people at that time and made various methods of health preservation very popular. The Tang dynasty was a millennium whose sports were even richer and more colorful than any time before, as the cultural com–

munication between China and other countries were more frequent. During the Song and Yuan dynasties, the development of the commercial economy further popularized the sports among people, and at the same time, sports tended to be more commercialized. The Ming and Qing dynasties were a time when the feudal economy was flourishing and the centralized autocracy was highly developed. At that time, some traditional sports declined while many others became flourishing, even reached an unprecedented height in the history.

Along with the development of the economy, the advance of the society and the prosperity of the culture, the Chinese sports continually present new images to people all over the world.

I Sports in the Pre-Qin Period

In the Pre–Qin period, the Chinese sports presented distinctive features and strong spirits of that special time. In the primitive period of the human society, on one hand, human beings had to depend on the nature to survive; on the other hand, they were threatened by natural calamities and ferocious beasts. With extremely low productive forces, one depended not only on the unified strength of the group but much more on the strong body of oneself to get rid of those difficulties, to resist the attack from the beasts and to get more food. Thus, in material production activities, people kept improving the skills of running, jumping, climbing, throwing and swimming. Those skills got enriched and accomplished through different activities which changed incessantly with the development of the society. As a result, the primitive form of sports took its shape. The improvement of productivity together with the emergence of the primitive agriculture and livestock husbandry enriched people's life. Meanwhile, the entertaining games with a "sporting" character emerged. Even the religious rite contained a character of the primitive sports.

In the Xia, Shang and Zhou dynasties, along with the further development of the productivity, private ownership and social hierarchy came into being. Especially in the Spring and Autumn-Warring States period, the power split, social chaos as well as conception revolution caused a series of wars. Under such particular historic circumstance, the development of the military-related sports surpassed the past, and the folk sports tended to serve the war, bearing a strong military color. At the same time, the appearance and use of the ironware promoted the development of the economy, science, culture and sports. Some sports items were even included in the mandatory courses in the school education. Besides, people generally realized that doing exercises was very important to their health, so they created a series of health preservation methods and exercises, which promoted the development of primitive medical technology.

1. Military Sports and Primitive *Wushu*

The military sports started from the ancient times. In the primitive society, series of fights arised between tribes in order to contend for the food and territories, etc. The war between the Huangdi (he is considered the ancestor of all Chinese people) and Chiyou (he was once submitted to Huangdi but later rebelled against him) was a typical one. Yet there wasn't any strictly organized army then and the weapons were usually made of stone. Later, along with the emergence of the state, the professional army for guarding the domination emerged. Weapons became more diversi-

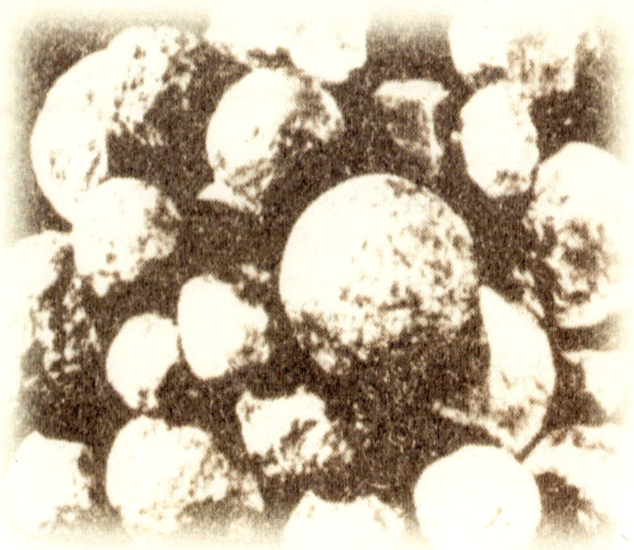

Stone balls used in the primitive society

fied and specialized after the production and use of the bronze ware and iron ware. However, since the infantrymen were still the main attacking force in the war, the basic military exercises and wushu were particularly important.

1) Training of Basic Military Skills

In the times of cold arms (a period when the modern techniques such as powder and detonator were not used), the battle effectiveness of a country mainly depended on the basic body strength and fighting skills of the individual soldier. It was especially so during the Spring and Autumn-Warring States period when the wars frequently broke out, most of which were fought between the infantrymen. As a result, the training of the infantrymen became more systematic and standardized. Under that circumstance, all the states' military forces paid much attention to the training of the soldiers' basic quality and skills such as running, jumping and throwing.

① Running: In the Xia, Shang and Zhou dynasties, war was one of the affairs on the top of a state's calendar. Since chariots were often used in war at that time, it was important to train a group of soldiers who could walk in front of chariots or follow them in the back, or even could endure the long-time running along with them.

Repaired chariot of the Western Zhou dynasty

During the Spring and Autumn-Warring States period, the feudal dukes contended for hegemony, so all the states pursued the development of military force. Thus, the ability to walk and run for a long time became one of the essential requirements for the soldiers. In the Warring States period when the chariots were largely replaced by infantrymen in war, the military force at that time attached great importance to the marching and running abilities of a fully armed and loaded soldier. It was recorded in

Mo-Tzu: On Anti-Attack that after being trained for seven years, the soldiers of He Lü, the king of Wu state, could keep running for 300 *li* with arm.

② Jumping: From the Shang and Zhou dynasties through the Spring and Autumn period, chariots were the main tools in combats, which required the soldiers of getting on and off the chariots quickly. Therefore, the jumping ability became one of the basic fighting skills at that time. According to the records of ancient books, when Wu state was at war with Lu state, the senior official Wei Hu of Lu state wanted to attack the king of Wu state at night. Only those who could jump over a bar of a certain height for three times could be chosen. In this way Wei Hu chose 300 from 700 soldiers, and You Ruo, one of disciples of the Confucius was among those selected. This record reflects the requirement of jumping ability in war of chariots at that time.

③ Throwing: Since the shooting weapons of the ancient Chinese army were mainly bows and arrows rather than any throwing weapons like harpoons, throwing exercises were only to enhance soldiers' health. According to ancient records, soldiers at that time often played a kind of "throwing stone" game.

Besides, since the way of fighting changed to war of infantrymen, the soldiers often fought face to face then. Thus, they had to know how to use the weapons like lances, dagger-axes, swords and blades besides the basic skills of marching, shooting arrows and embattling. The skills of using those weapons, so called "fighting skills", became the focus of the soldiers' training. In the late Warring States period, some states started to transform their troops, recruiting horse-riding soldiers and training their ability of shooting on horseback. Thus, shooting on horseback became one of the basic trainings for the ancient Chinese soldiers.

2) *Wushu* in the Early Stage

During the Xia, Shang and Zhou dynasties, the folk martial exercises were closely related to the military training of the state. Since there were mainly chariot wars, the fighting skills of the individual soldier were not the focus of the military training. Therefore, *wushu* hadn't been separated from the military skills then. However, by the Spring and Autumn-Warring States period, along with the change of the social structure and the extension of the scale of the war, the military operations and the kinds of arms consequently changed. As a result, the soldiers were required of mastering the fighting skills, which paved the way for the emergence of the folk *wushu*. During the Spring and Autumn-Warring States period, a group of "wandering knights-errant" emerged among the people, mostly from humble origin. As masters of *wushu*, they lived on this special skill—serving their masters with their abilities, being engaged in all kinds of actions such as escorting or assassinating people. In the Qin and Han dynasties, they were so active that they could be frequently seen all over the country. As the initial form of Chinese *wushu*, their martial arts were more flexible and individualized compared with the military skills,

Sword is an ancient weapon in China. As early as the Shang and Western Zhou dynasties, the warriors were tak-

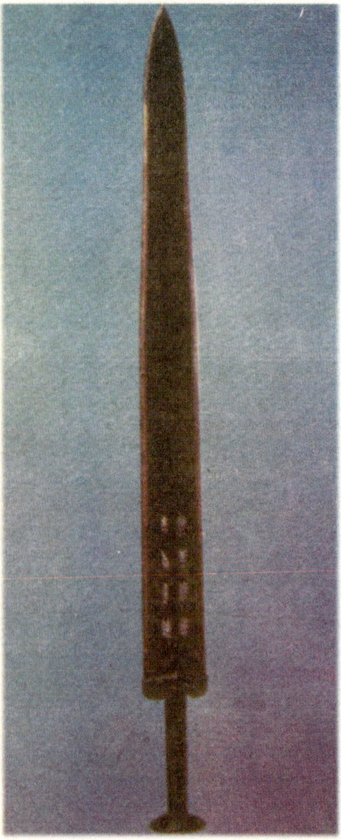

Sword of King Goujian of Yue state in the Spring and Autumn period

ing short bronze swords with them to indicate their status and to defend themselves. During the Spring and Autumn-Warring States period , the sword-making methods had been improved after the development of metallurgy and forging technology. Consequently the swordsmanship was also promoted. As it became popular among the people, the theories and schools of the swordsmanship were more mature, which was a landmark in the improvement of the swordsmanship.

Fighting unarmed is also called "fighting with bare hands", a skill of fighting without weapons. In the Spring and Autumn period of the Zhou dynasty, the noble men considered the inability of fighting unarmed as a big shame. However, since more and more wars in the Warring States period and the Qin and Han dynasties turned out to be those of infantrymen, the skill of fighting unarmed became one of the necessities in recruiting soldiers and basic quality training of them.

2. Rise and Development of *Cuju*

Cuju is also known as "*taju*". "*Cu*" means to kick and "*ju*" is the ball. The exact origin of *cuju* is still a mystery unsolved by now, but relative written records can be found in *The Warring States Tactics—The Tactics of Wu State*. It mentioned that the ancient Linzi (now Zibo, in Shandong province) was a very prosperous area. People there all liked blowing *yu* (an ancient Chinese instrument made by bamboo), playing lute, *zhu* (an instrument in ancient China the sound of which is produced by beating its strings with bamboo slice), and stringed instrument, watching the cockfighting, hunting with the hound, playing *liubo* (a kind of chess-like game in ancient China) and *cuju*... Seeing from this perspective, *cuju* emerged as early

Tomb figures playing ancient Chinese board game *"liubo"*

as the Warring States period, and had been one of the most popular games among the people.

The ball was made of leather with hairs and furs inside so that it could bounce. The game could be played in different ways. There might be one goal or no goal at all in the game. Since it could be played in so many different ways, *cuju* spread quickly in the society and was favored by people.

Cuju always reminds people of today's football. Is there any relationship between the ancient Chinese *cuju* and today's football? No evidence can be found. Yet the rules of the two games are quite similar to a certain extent. However, there are still some differences. In the football game today, each team guards one goal, while in the ancient one, each team could guard several goals, or the two teams kicked the ball to the sole net hung high in the air. Comparatively, the football game is more competitive, requiring strong body and running ability of the players, while the ancient *cuju* is more entertaining, paying more attention to the playing skills of the participants.

3. Rise and Spread of Archery

In the primitive society, people found in their hunting that the branch bowed by the animal on it would bounce up as soon as the animal left. Being enlightened by that, people created the bow, as well as the arrow which was adapted from the spear. Thereafter, bows and arrows were wildly used in people's daily life. During the Western Zhou dynasty, the spreading of the bronze ware provided favorable conditions for the manufacture of the metal arrowhead. At that time, the arrow shooting was not only important in the military aspect but also indispensable in some grand occasions such as religious rite, diplomatic meeting, court banquet, rural ceremony and so on. Every man in that period had to learn how to shoot arrows. The archery meant a lot to one's career in his lifetime.

In the Western Zhou dynasty, the archery was one of the "six skills" to be learned by people in education. Influenced by the hierarchal "*lizhi* (system of ritual, etiquette or courtesy)", there was a detailed and complicated ritual in the archery activities, which then developed to grand competitions in the form of "*sheli* (rites of achery)". There were four kinds of *sheli: dashe* (rites for choosing people to attend the cult), *bingshe* (rites held when the feudal dukes presenting themselves before the king or meeting each other), *yanshe* (rites held in usual days), and *xiangshe* (rites held by the local officials for drafting talented people). Each kind conformed to its special rules, using distinctive bows, arrows and targets. Influenced profoundly by Confucianism, people also paid much attention to their morality when they were practicing the archery to improve their shooting skills. According to the law then, people who had committed a crime were not permitted to take part in this activity. As a result, *sheli* was the most strictly organized activity in ancient China. As a means of cultivating and moralizing people, it was performed in heaven worships and peace announcement, or for the purpose of friendship improvement, body fitness, and entertainment, etc. Because of its too strict hierarchy too detailed rites, *sheli* gradually withdrew from the historical stage with the arriving of the Spring and Autumn period.

The achery in the Xia, Shang and Zhou dynasties was martial, ritual and entertaining, while in the Spring and Autumn-Warring States period the frequent wars between the states instantly improved this military-related sport. So gradually the shooting activity became more and more practical with purely military character. In order to meet the needs of the war, the rulers issued many laws to encourage people to practice it. As a result, soldiers' archery was promoted, and there were many renowned archers then. In the hundreds of years during the Spring and Autumn period the generally recognized sharp-archer Yang Youji was a typical example. His shooting was powerful and accurate. He could even shoot the tiny leaves from hundreds of steps away, which was the origin of the Chinese idiom *"baibu chuanyang"* (shooting with great precision).

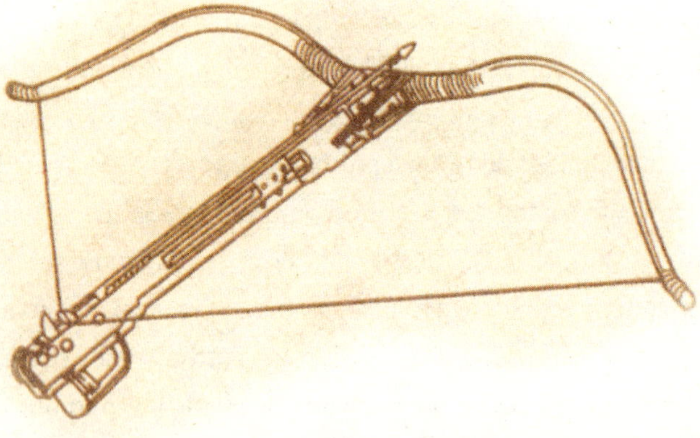

Diagram about the crossbow of the Warring States period

In the early Warring States period, the archery on horseback of the northern nomadic people was introduced to the Central Plains. Then the horse-riding soldiers began to fight in the war, and their skills of shooting on horseback were greatly improved. Later, people created the crossbow on the basis of bows and arrows so that the arrows could be shot much farther and more powerfully. There were four kinds of crossbows with high quality and far-range, namely *xizi* (a kind of crossbows made by the southern people), *shaofu* (crossbows made by one of the government authorities), *shili* (crossbows with great shooting power because they were made in a particular time), and *julai* (crossbows with high quality in the ancient times), which became important weapons in the war.

4.Formation and Practice of Health Keeping through Exercises

1) Formation of the Thought on Health Preservation in the Pre-Qin Dynasty

Many inscriptions on the bones or tortoise shells in the Shang dynasty were taken as signs to forecast one's lifespan or illness. Besides, the historical books have mentioned "five happiness and six punishments", which concluded that the five happiness of one's life were a long life span, richness, moral conduct, health and natural death, while death at young age, diseases, poverty, sadness, evil conduct and weak body were the six punishments sent to people from the heaven. It was obvious that the thought of pursuing health and long life span emerged very early in ancient China.

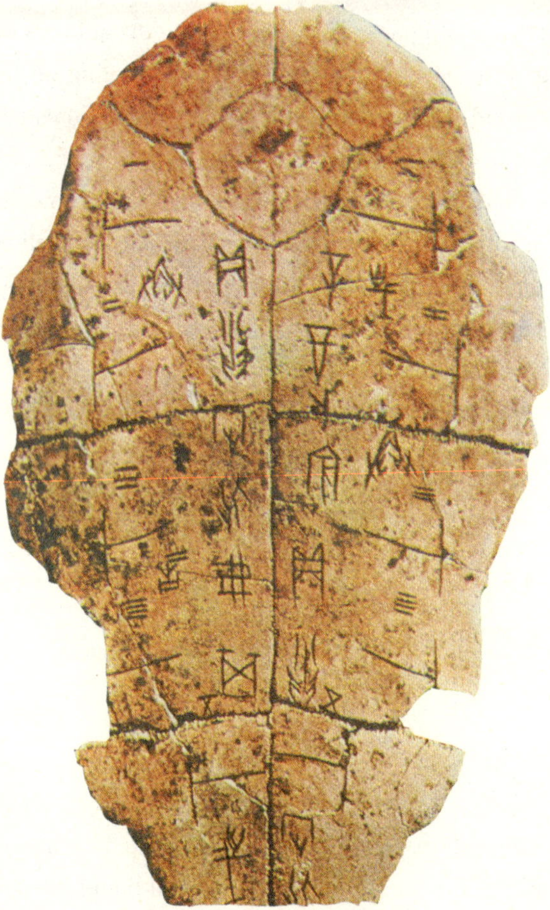

Inscriptions on the bones as forecasting tools

The Spring and Autumn-Warring States period was a period when the ancient Chinese thoughts and theories on health preservation were founded. *Inner Canon of Huangdi* was one of the most important classical books in the later part of the Warring States period. It had mentioned the thought of "human life being in great harmony with nature", which founded the theoretic basis for the traditional Chinese health preservation theory. In this period, the Taoist advocators Lao-Tzu and Chuang-Tzu put forward a series of views on how to keep a quiet and peaceful life, which had an profound influence on the development of the traditional Chinese theories on health preservation and therefore became one of the basic theories in that field. At the same time, a series of traditional Chinese philosophical classics had proposed to keep fit through exercises, which contributed a lot to the development of health preservation.

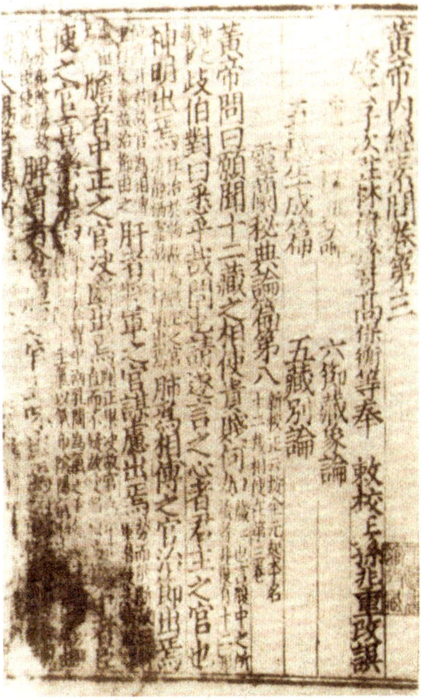
黃帝內經素問卷第三
六節藏象論
五藏別論
靈蘭秘典論篇第八
黃帝問曰願聞十二藏之相使貴賤何如
岐伯對曰悉乎哉問也請遂言之心者君主之官也
神明出焉肺者相傅之官治節出焉
肝者將軍之官謀慮出焉
膽者中正之官決斷出焉

Inner Canon of Huangdi

2) Formation and Development of Health Preservation System Through Sports

On the basis of the previous experience, the ancient Chinese sports health preservation developed into two schools — *daoyin* and *xingqi*.

Daoyin was one of the ancient Chinese physical exercises to keep one's fitness. Theoretically it emphasized on keeping health through exercises. Practically it combined the body exercises, breath exercises and self-massages to preserve health and treat diseases. Thus, as a medical treatment, *daoyin* took its shape, which later reached its maturity in the Western Han dynasty.

The development and practice of *daoyin* also had a deep influence on later generations. During the period of the Three Kingdoms, the well-known doctor Hua Tuo developed *Wuqinxi* (Frolics of the Five Animals) from the basic principles of *daoyin*, which represented the highest level of Chinese sports health preservation since the

Picture of *Wuqinxi* developed by Hua Tuo (The above five persons imitate a tiger, a deer, a bear, an ape and a bird respectively)

Pre-Qin and Han periods. *Wuqinxi* is a kind of bodybuilding exercises somewhat similar to the modern gymnastics. It imitated the movements of tiger, deer, bear, ape and bird in order to defend against diseases and to keep fit. Thus, it was an important cultural legacy of the ancient Chinese thoughts on sports health preservation.

Different from *daoyin, xingqi* was the general name for the aspiratory and psychological exercises in ancient China. It put more emphasis on a relatively static way to keep people healthy so that they could live longer. As early as the Warring States period, *xingqi* had developed to a mature level — from the general respiratory exercises to the circulation of *qi* deep within one's body. In this way, *xingqi* was accomplished and further developed. During the time between the Qin and Han dynasties and the Wei, Jin and the Southern and Northern period, many experts on health preservation studied *xingqi* in detail and wrote a lot of valuable books on it. Practically, *xingqi* had developed into different schools.

II Sports in the Qin and Han Dynasties

In the long Chinese history, the Qin and Han dynasties were a period when the feudal society was at its seedtime. It was also a time when the ancient Chinese sports took shape and got a full development.

The Qin dynasty had taken a series of measures to enhance the unification since its establishment. Yet its tyrannical policies such as burning books, burying Confucian scholars alive and destroying weapons prevent sports from further development. In its 15 years' reign, though health preservation methods were maintained and "*yuewu*" (music and dance) as well as "*jiaodi*" (a sport similar to wrestling) kept performing in palace, the sports as a whole, especially the folk sports declined. The Han dynasty saw the vigorous rejuvenation and development of sports. The stable development of the society as well as the revival and prosperity of the economy provided the fertile soil for the reviviscence of the sports custom among the people.

The sports increasingly flourished all over the country, reaching the first peak in the history of the Chinese sports. It was especially so during the Eastern Han dynasty when the productivity, science, technology and culture had reached a new height, and the variety of the sports, the skillfulness and the competitive consciousness had all exceeded the previous period. Some folk sports were introduced to the festival custom before they got further development. The diversified and popular sports activities added a romantic color and festive atmosphere to those festivals then. Some of them even still exist nowadays.

1. Prevalence of *Cuju* and Emergence of *Jiju*

1) Prevalence of *Cuju*

There were two types of *cuju* in the Western Han dynasty. One was the performance of *cuju*, mainly the performance of the playing *cuju* under the accompaniment of the music. The other was the competition of *cuju*, most of the competitions were held between two teams. The ball and playground were built according to the principle of Round Heaven and Square Earth. That was to say the two goals were round or semi-round opposite to each other and the playground was square. Each team had six players; and similar to the modern football games, there was also a referee who would supervise the movement of the players, and urge them to follow the rules of the competition. At that time, Wudi, the Emperor of the Western Han dynasty, liked watching the competition of *cuju* very much. In order to flatter the emperor, his minion Dong Yan had once as-

Emerpor Wudi Liu Che of the Han dynasty

sembled the masters of *cuju* all over the country to Chang'an to play the game for him. The competition was frequently held, and the emperor presented at most of the games.

Cuju in the Han dynasty was not only deemed as an activity for body fitness, but also introduced to the military troops. Liu Xiang (a man of letters in the Western Han dynasty) once proposed to combine the military training with the daily entertainment so that the soldiers would improve their physical condition under a relatively easy and free circumstance. *Cuju* was one of those sports which could meet his requirements. Besides, some people talented in singing and dancing had combined *cuju* with dance, inventing the unique "dance of *cuju*", which fully diversified *cuju* activities. The flourish and prevalence of *cuju* in the court and troops had greatly promoted its development and popularization among the common people. Thus, the game became more and more flourishing in the Han dynasty.

2) Emergence of *Jiju*

Jiju (the ancient Chinese polo) was very like the modern polo. It was a quite breathtaking and stimulating activity which combined the horsemanship and the ball-playing skills. According to the historical records, it emerged during the late Han dynasty and the beginnings of the Three Kingdoms period or even earlier times, and then it flourished during the Tang and Song dynasties.

The famous poet Cao Zhi (the third son of Cao Cao, who himself was a statesman, militarist and poet in the late years of the Han dynasty) in the late Han dynasty and the beginnings of the Three Kingdoms period had described this activity in his poem. The poem was about the noble youth in Luoyang, Henan province. They wore the gorgeous clothes as well as swords and crossbows, watching the cockfighting in the morning, then hunting in the mountains, drinking together and playing *jiju* for fun. They would not go back home till the sunset. The description showed that *jiju* was already very popular then.

The historians considered that there were two reasons for the emergence of *jiju* in the late Han period. First, it was necessary in the daily military training for the horse-riding soldiers. And second, it was created from the inspiration of *cuju*. Since at that time there were frequent fights between the Han people and the minorities on the north-west borders of the country, the flexible, agile and brave horse-riding soldiers thus played a decisive role in war. In addition, under the influence of the thought of combining the military training with the daily entertainment, the rulers introduced *cuju* which was already popular with the infantry into the training of the horse-riding soldiers. As a result, this new kind of activity *jiju* came into being.

2. Evolution of Swordsmanship and Archery

1) Evolution of Swordsmanship

During the Western Han dynasty, there was a trend of wearing sword and fighting with it. Emperors and officials all wore sword. There was even a strict sword-wearing system. According to the custom then, the sword was a necessity and a symbol for a gentleman. The renowned talented man Sima Xiangru (a litterateur of the Han dynasty who was good at playing the string instrument) was also interested in playing the sword as well as reading books when he was young.

The widespread of sword-playing lead to the emergence of a group of "swordsmen" proficient in swordsmanship who lived at other's expenses. Those swordsmen were serious with the succession and the way of the sword. There were many schools of the way of the sword with different styles. Each school had the teachers who particularly took the job of imparting its way of the sword. Under that circumstance, the competition on swordsmanship began to prevail. Many men of letters addicted to the swordsmanship even collected and arranged the quintessence of the swordsmanship of different schools, compiling a theoretical work on it, namely *The 38 Papers on the Swordsmanship*. However, it is a pity that only the catalogue of the book has been reserved now.

Different from the Pre-Qin period when the swordsmanship only existed in the military training, in the Western Han dynasty it had a sporting character, and there were vigorous competitions on swordsmanship. The evidence of those competitions can be traced by the unearthed stone or brick relief as well as relative historical records. The preservation of those historical materials was vital to the further development of the swordsmanship nowadays. Comparatively speaking, the ancient swordsmanship was more practical, demanding the quickness and straightforwardness, while the modern swordsmanship emphasizes more on the performance, adding some stylish contents like *taiji* sword, *qingping* sword and drunk sword.

Brick relief presenting swordsmanship of the Han dynasty

2) Evolution of Archery

As a traditional activity with a long history, the archery of the Qin and Han dynasties could be divided into three types, namely the ritual archery, archery in war and archery in hunting. In the Han dynasty, under the influence of Dong Zhongshu (a great thinker and philosopher), the Confucian scholars only paid attention to book-reading and exam-taking rather than *wushu*. Gradually, the fine custom of learning both the literary and *wushu* of the Pre-Qin period was lost. Later even the archery's functions of performing rites and keeping fit were ignored. All the school educations cancelled those courses related to the archery. Besides, *sheli* with complicated and detailed rituals was incompatible with the revolutionary atmosphere of the Western Han dynasty. Thus, as time passed, it began to decline, and finally was fully abolished.

Different from the ritual archery which then declined, the archery in war and in hunting was prevailing, yielding brilliant results. When resisting and counterattacking the Xiongnu which was a nomadic minority living along the northern boundary of China, in order to give full play to their weapons, the rulers of the Han dynasty asked the soldiers to be trained in archery, and persuaded the common people to practice shooting, which had promoted the prevalence and development of this activity. As a result, the archery in war became an important fighting skill for the troops of the Han dynasty. Therefore, many masters of archery emerged. Li Guang, a well-known sharp-archer then, was one of them. One day he went out for hunting. As the grass was quivering in the wind and the rock was faintly discernable in the grass. So he took the rock as a tiger and shot at it. His shot was so powerful that the arrow hit deep in the rock. His story since then had been a much-told tale. Under the influence of so many wars, the archery in the Han dynasty was mostly on horseback. It was widespread not only in the troops but also among the common people, especially for those minorities living near the Xiongnu people in the northwest part of China, who were crude, strong, and very good at archery.

3. Pleasant Activity of Chinese Wrestling

The Chinese wrestling *jiaodi* was an ancient Chinese activity evolving from "*jiaoli*" in the Spring and Autumn-Warring States period. By the Western Han dynasty, it was often performed at the feast for the heads of the minorities or the foreign guests. Together with singing, dancing, music, acrobatics and magic it was called as "*baixi*" (variety shows), which showed that the rulers in the Han dynasty had paid much attention to this activity. Emperor

Fresco of variety shows of the Eastern Han dynasty

Wu was well known in history for his favor for the Chinese wrestling. Besides having *jiaodi* performed when he was receiving his guests, Emperor Wu also organized many spectacular performances and competitions of the wrestling, which were so popular that the whole town turned out to watch them. It showed that this game had a lot of spectators, both the noble and the common people.

Well, how to give the performance or to hold the competition of the Chinese wrestling? The unearthed frescoes in the grave of the Han dynasty in Mixian county in Henan province present one picture about the Chinese wrestling. It was about two strong men staring at each other, seeking the chance to attack each other. The two wore abdominal protector and short skirt, their hair braided upright to the sky. The Chinese wrestling had already been a very popular activity in the north then. As time passed, it became even more diversified and varied.

4. Flourish of Board Games

In the Han dynasty board games became popular, among the famous player were Feng Yi, Qi Dao, Wang Jiuzhen, Guo Bo. Major board games were *tanqi* (a game of rolling a ball to dash against another), game of Go, *liubo* (six-throwing-chopstick board game set), *chupu* (a board game containing gambling nature), etc.

Tanqi was a new board game in the Western Han dynasty. At that time *tanqi* was only a court game played by the noble people rather than the ordinary citizens. It was not until the late Western Han dynasty when the noble people escaped into the folk after the overturn of the regime that *tanqi* got popular among the folk.

In the Eastern Han dynasty, *tanqi* was in full swing in the court. All the noble officials and upper class people were eager to learn how to play it. *Tanqi*, as well as other three sport activities were often played by them when they were treating guests. The powerful official Liang Ji of the Eastern Han dynasty was an addict of the game. He had once written *The Prose on Tanqi* which maintained lasting reputation. In this book he put emphasis on the skillfulness and wisdom used in the game, which were also required in the game of Go. It was composed of board, balls and stone arrow. The stone arrow could "hit" or "smash" the rival's balls in the process of the game, which was somewhat different with the rules of the refined *tanqi* game popular in the future.

The pieces of Go in the Han dynasty were made of wood, and it had black and white color. The board was intersected by 17 lines both vertically and horizontally. All together there were 289 intersections with 150 pieces in each color, which is quite different from the board later intersected by 18 or 19 lines. People at that time took the game of Go as an imitation of the real battlefield. Many famous high-ranking officials were accomplished in Go. The militarist Cao Cao was a proficient player. Excellent though he was , he still gathered a group of outstanding Go players like Guo Kai, Wang Jiuzhen and Shan Zidao around him so that he could play with them and learn from them. Sun Quan's (the founder of Wu Kingdom) elder brother Sun Ce liked studying the game in his spare time.

Colored wooden tomb figures playing the board game "*liubo*", unearthed from the tomb group of the Han dynasty in Wuwei city, Gansu province

He had played with the official Lü Fan an excellent game, which was afterward recorded in the famous book *Manual of Go*. *Liubo* was a board game in ancient China which flourished in the Warring State period in the Han dynasty. *Bo* refers to gambling chopsticks, and a set of gambling tools includes six chopsticks, and thus the name *liubo* (six-throwing-chopstick board game set). Before each side started, the player had to throw chopsticks so as to decide how many steps he could go forward. The pieces of *liubo*, made of ivory, crystal, jade or copper, were similar in size and divided into white and black groups. Each group had six pieces with one larger than the other five pieces. The concrete method of *liubo* got lost in the Tang dynasty, and remains unknown nowadays.

III Sports in Wei, Jin and Southern & Northern Dynasties

In the period of the Wei, Jin and Southern & Northern dynasties, the immature system of the sports custom, which had evolved since the Han dynasty, was greatly shocked by the separated regimes, social chaos, the integration and conflicts between and among different nationalities, as well as the impact of the metaphysics, Buddhism and Taoism. As a result, the sports formed an unbalanced structure with an obvious split. The sports custom then mainly developed into two directions. Some declined for lack of basic environment and condition, while others extremely flourished because of the new nourishment. In addition, because of the different living customs of so many dynasties, areas and nationalities, the sports custom presented a complicated and unique picture of that certain time.

1. Vogue of Archery on Horseback

When the nomadic minorities outside the northeast boundaries of China moved to the Central Plains, they often made their way by the bows and horses with irresistible force. The structure of the troops and the traditional military sports customs had changed a lot then. The horsemen in heavy equipment as the main power of the troops played a decisive role in war. The horse-riding shooting custom had integrated with the Han's traditional shooting and horse-riding customs, which led to the prevalence of shooting on horseback in all classes in the society. In order to seek momentary safety and to regain the Central Plains, the rulers in the south recruited people skillful at the equitation and archery. The archery on horseback in the south thus had developed in the troops and folk to a certain extent, but still far behind the north.

Brick relief presenting hunting activities during the Wei and Jin dynastie

The archery on horseback was most prevalent during the Northern Wei dynasty. Having spent most of his lifetime in war, the Emperor Taiwu loved this activity very much. He had especially built a grand platform for this activity in Changchuan (now Xinghe county, Inner Mongolia Autonomous Region), assembling the officials there to compete their martial and shooting arts. The archery on horseback was popular all over the country and had been a sports competition frequently held by people. In the late Eastern Wei dynasty, there appeared a new kind of archery competition for the "silver cup".

Under the influence of the open social atmosphere and martial spirit, some northern women liked the archery on horseback too. Wearing their martial clothing, holding the bows and arrows, they often practiced archery in an open area. The well-known story about the heroine Hua Mulan replacing her father to join the army took place in

Hua Mulan in the Henan Opera *Hua Mulan*

this period.

Besides, after conquering the Central Plains, some minorities not only maintained their own martial spirit, but also accepted the traditional sports custom and ritual system of the Han people. So they quickly went on the way of localization. For example, such ritual activities as *dashe*, *yanshe* and *xiangshe* proposed by Confucianism had prevailed in the noble people then. The Xiaowen emperor of the Northern Wei dynasty often held *dashe* in the great hall after their localization. The young Emperor Yuwen Yong of the Northern Zhou dynasty, who had unified the northern areas, admired the ritual shooting system a lot. He had gathered the officials several times in the Zhengwu Hall in Chang'an, and practiced in person to show his intention of promoting those rites.

Yuwen Yong, Emperor Wu of the Northern Zhou dynasty

2. Prevalence of the Game of Go and *Touhu*

During the period of the Wei, Jin and Southern & Northern dynasties, the officials were fond of discussing and junketing instead of the political affairs. As a result, the elegant game of Go began to be popular with the upper class. At the same time, *touhu* (throwing arrows to the pot) as a pleasant and relaxing game was also favored by some rulers and officials. Some literati hated intrigues and cheats in the political circle, so they often played the game of Go or *touhu* to dismiss their unhappiness or to avoid the real world. Therefore, the game of Go and *touhu* flourished incomparably in this period.

At the beginnings of the Western Jin period, Sima Yan (the first emperor of the Jin dynasty) was the first man who introduced the game of Go to the court. He often summoned officials to play Go with him, and never got bored with it. His grandson liked the game as early as he was just a prince imperial. By the Eastern Jin and the Northern dynasties, with the unprecedented prevalence of metaphysics, the game of Go became more and more popular. Everyone during that period—from the emperor and central government officials to the local officials—was greatly interested in Go. They were still used to praising each other for their mastery of the game. Even those emperors of the Song, Qi, Liang and Chen dynasties were mostly fans of Go. The Emperor Wen (Liu Yilong) of the Song dynasty(420−479) had asked people to collect game records of Go played by proficient players. He then kept the collection in his palace just like treasures, and often took it out to appreciate those records.

As the game of Go was so popular, a "rating system of Go" was formed in the Northern dynasty. Besides, there were still many nationwide competitions of it then.

The rating system of Go ranked the players at nine levels, just like the nine levels of government officials. Thus, there were all together "nine ranks" for the players. The ranks were usually decided either by the renowned masters of Go, who themselves were nominated by the emperor or by game playing. So generally the evaluation was impartial, though there were still some unqualified people who got the rank unexpectedly. Later, the system was introduced into Japan through frequent cultural and sports communications, and it is still used in Japan nowadays.

Liu Yilong , Emperor Wen of the Song dynasty

Touhu was another activity as popular as the game of Go at that time. It was a pleasant and admirable game, which was prevalent with the officials and literati. The forms of the game were diversified, and the skills had been refined. On one occasion, the Prince Jingling of the South-

● A pot used in the game of *touhu*

ern Qi dynasty Xiao Ziliang missed the levee because he had played *touhu* all through the previous night. Emperor Wu got very angry with him, and asked why he was late. Xiao could only tell the truth to the emperor. Unexpectedly, the latter was very interested in the game. He even asked Xiao to show how to play the game in the hall. So Xiao kept up his spirits to play the game skillfully, and received a succession of applause from the officials. The emperor was so happy that he awarded Xiao 20 rolls of thin silk. By the way, the pot at that time had two handles, which formed two holes little smaller than the mouth of the pot. Only the players with great patience and skill could shoot in the holes. The scores would double if the subject was hurled into the smaller ones.

3. Diversified *Daoyin* and Health Preservation Methods

The period of the Wei, Jin and Southern & Northern

dynasties was a time when the ancient Chinese thoughts and theories on health preservation got mature. Because of the frequent wars, unstable society and miserable living condition, a group of literati and scholars who advocated the thoughts of Chuang-Tzu and Taoism lived in reclusion to study the methods of health preservation *daoyin*, hoping that they could survive in the chaotic world and live a long life.

The Taoist and health preservation expert Ge Hong in the Eastern Jin period fully approved in his papers the active role people played in their pursuing for a healthy life, proposing that the most important thing in health preservation was not to do any detriment to one's body. He thought that different methods of health preservation would lead to different results. Therefore, he put forward the important thought that the essence of all those different methods should be collected and combined together. This viewpoint proposed by Ge Hong was a sign of maturity of the ancient Chinese health preservation. It was so important that it had exerted an impact on the history of traditional Chinese health preservation. Besides, Ge Hong was also a Confucian, a Taoist, and supernaturalist. His

Portrait of Ge Hong

complicated experience allowed him to study the health preservation from a special perspective. He also constructed a theoretical system of Taoism serving the noble people's decadent life.

Portrait of Tao Hongjing

The thought of "cultivating body and cherishing life" was the basic idea in the ancient Chinese health preservation during the Wei, Jin and Southern & Northern dynasties. The famous Taoist expert on health preservation Tao Hongjing then had manifested this idea in his monograph on health preservation. He thought that man was the most important in the world; while life was the most important to man, because life was the origin of the spirit, and body was the carrier of spirit. The correct way of preserving one's health was to be quiet, inactive, to practice *daoyin* and to pay attention to health care. If one did this, he would live a healthier and longer life. His thought also had a profound impact on the development of the Chinese health preservation.

Besides those representative figures of health preservation mentioned above, there were still some others who had contributed a lot to the thought and theory of it during that period, such as Ji Kang, Yan Zhitui , Wei Huacui, and others. Ji Kang was a personage then, who had a good name in the literati as an expert on *daoyin*. He embraced

Tomb brick relief of Ji kang of the Southern dynasty

Portrait of Yan Zhitui

that the western medicine could extend one's life while the traditional Chinese medicine could preserve one's health. In his opinion, one should preserve his heath willingly so his lifespan would be extended. As for Yan Zhitui, his thought on health preservation was mainly reflected in his book *The Family Doctrine of Yan*. In the paper *On Health Preservation,* he put forward that the health preservation in the first place was to avoid disasters and to protect one's life. Then one could adopt many measures to pursue health and longevity. The contribution of Wei Cuihua was her book *Huangting Classic*, which followed the practice on health preservation of those Taoist experts, and systematically explained the points and meridians all over the body in religious language. She had started another school of health preservation featured in cultivating one's spirit and will. Admired and appreciated by the aftertime, this book was praised as "the classic on longevity".

IV

Sports in the Tang Dynasty

After the migration and integration of peoples in the period of the Three Kingdoms, the Wei, Jin and Southern & Northern dynasties, China witnessed its peak in its feudal history—the prosperous Sui and Tang dynasties. It was a time when the previously unshakable political position of Confucianism was challenged after a series of wars and fights. Its domination was undermined by the migration and integration of peoples, the rising of the Buddhism and Taoism, and the permeation of various new thoughts and cultures. The social structure of that time also changed under the combined influence mentioned above. Under such new circumstance, the traditional thoughts declined, while the new ones emerged one after another, which provided substantial nutrition to the refreshment and flourish of once struggling sports.

It's a pity that although the Sui dynasty had brought the wars to an end and unified the whole country, it quickly collapsed because of the tyranny of Emperor Yang Guang. So even if there were grand sports occasions, the flourish of the sports was just like a flash in the pan. It quickly submerged in the history. Its achievements were less remarkable than the Tang dynasty in the Chinese sports history. Therefore, the sports customs discussed here are mainly those in the Tang dynasty.

The Tang dynasty was well-known for its stable society, prosperous economy and advanced culture. People's spirit was greatly stimulated by the improved political, economic and cultural communication with other countries, the crash and integration either between the traditional and new viewpoints or between the local and foreign ones. The traditional social structure also changed a lot. As a result, the Tang dynasty was an energetic and thriving period when people lived and worked in peace and contentment. As the great power of the country had exceeded the past, the sports in that period had also reached the peak, which were incomparable no matter in the variety of the items, the scale of participation by various classes, or the extent of people's awareness of competitiveness.

1. Colorful Sport Activities

Generally speaking, in the Chinese feudal society, the court culture especially the entertaining culture of the court was the essence of all those excellent cultures over the country, which had also reflected the variety of the local cultures. At the same time, as the culture of the upper status, it in turn promoted and guided the rising and development of the folk culture. In this sense, the sports in the Tang dynasty were universal, developing both in the court and among the ordinary people.

Under the autocracy of the Chinese feudal society, the emperor was definitely majestic. Thus, to a certain extent the preference and action of the emperor would always influence the environment around him and even the social custom.

As it is known, Li Shimin, Emperor Taizong, was talented both in literary and martial abilities. On one hand, he was wise and decisive, modest to take other's advice and good at assigning right people to do right things. The prosperous situation during his reign in early Tang dynasty was praised by later generations. On the other hand, he was a sports fan who was proficient in archery. Even after he succeeded the throne, he gathered hundreds of people before the hall and taught them shooting everyday. Besides, he presented himself at the spot of the shooting examinations, awarding the one

Portrait of Emperor Taizong, Li Shimin of the Tang dynasty

who had shot the target something like blades, bows, or silks. In addition, he advocated polo game in the Tang dynasty by proposing the game being played in the troops and the upper class, which showed his passion for the sport and his contribution to the further development of the sport.

The first emperor of the Tang dynasty Li Yuan liked the game of Go so much that he was even obsessed with it. His son Emperor Taizong liked the game too. He often played it with his officials. Emperor Taizong also liked to study the Chinese chess. Even the first female emperor in the Chinese history Wu Zetian who was at first the concubine of Emperor Taizong then his daughter-in-law before herself enthroned, was one of the few Chinese chess fans in early Tang dynasty.

Portrait of Wu Zetian

Generally, the court sports were established to amuse the ruling class. But in the particular historical environment of Tang dynasty, the emperors' preference to sports made the court sports in the Tang dynasty quite different from those of previous dynasties. The sports were no longer activities solely performed for emperors and high-ranking officials, instead, they were participated by all the people in the court from the emperor to the maids, which was a great stride in the Chinese sports history.

The game of polo was the most popular activity in the court of the Tang dynasty. There were special playgrounds for it within the palace of the emperor. Some high-ranking officials also built the playground on their own properties. Not only men enjoyed this game but also some slim court maids participated in the game exhibiting excellent skills. The unearthed copper mirror with a picture of four women playing polo and those tomb figures about women playing polo are both the evidence proving that the court women in the Tang dynasty played the game. However, since this kind of game needed a large playground and fine sports equipment, it could only be played by court members or

Copper mirror with the pattern of polo playing in the Tang dynasty

Fresco presenting polo game unearthed in the tomb of the prince of the Tang dynasty

officials. Therefore, the common people would not pay any attention to it.

The on-foot-ball-game *(budaqiu)* was also popular in the court of the Tang dynasty. As an antagonistic game, it was very similar to the modern field hockey. The first team which drove the ball into the hole could continue the game only after they fell on their knees to the emperor. Just because the laurel of "falling on the knees to the emperor", people valued this first drive very much.

Another activity, tug-of-war, was closely related to agriculture, because at first it was held to celebrate the harvest as early as in the Sui and Tang dynasties. It was popular both in the court and among the people of the Tang dynasty, with unprecedented large scale and more people taking part in it. More than a simple entertaining activity, it was also a competition of body strength. The players were very serious about the result of the competition.

The game of Go as one of the ancient sports existed long ago. It developed greatly in the Tang dynasty. As an elegant activity requiring great skillfulness, it was particularly liked by people in that period, which was not only popular in the court, but also among the common people, because it could amuse them, toughen their disposition and cultivate their temperament. Therefore, it was favored by a lot of people. At that time, in order to improve the emperor's arts of Go or to entertain the upper class, the court had the professional players of Go stayed in the palace. Most of them were national champions, like Wang Shuwen, Wang Jixin and Gu Shiyuan. Wang Jixin had created a theoretical monograph on Go, which was a great contribution to the development of the game. In addition, the game of Go was also popular among the Buddhists, the folk women and the court maids. As the communication between China and foreign countries became more and more frequent, the Go also became one of the important means of communication between them.

Another popular board game in the Tang dynasty was *shuanglu* (literarily means double six). This game was spread to China as early as the Three Kingdoms period. Its board set could be divided into left side and right side, each composed of six lines, thus the name *shuanglu*. It was so popular in the Tang dynasty that not only the emperors and officials but also the common people obsessed in playing this board game.

The Chinese wrestling as an entertaining activity was also popular in the court of the Tang dynasty. It was valued by the folk as a defensive means requiring high skills, which could enable people to stay healthy, join army and adapt to the changing environment. The skill of playing the game would be passed down to thc disciples from the masters. Some people even took it as a family heritage. Similar to the Go, there were special wrestling teams in the court of the Tang dynasty to entertain the ruling class. It was also one of the training items for the troops of the Tang dynasty. Actually, many wrestling masters in the court were selected from the local areas or recommended by the local officials, which had proved that the court sports were the reflection of the folk ones.

Cuju as a traditional activity had developed greatly in the Tang dynasty. The competition was taken between two teams. The ball was no longer a solid one but hollow. As for the goal, there were two bamboos at each side of the playground, and a net would be tied on the two bamboos—then a goal was created. Obviously the goal was quite similar to the one in modern football game. Apart from that, the ways of playing the game were diversified, including both the competitive one and the performing one. The latter way of playing was mostly favored by women.

As the entertaining items mainly performed in the court, *sanyue* (a type of operas so called as a joint name originates from the folk songs and dances) and *baixi* (variety show) were the general names for a series of entertaining items, including the pole upholding, rope walking, walking on balls, pagoda of bowls, walking in the paper-made vehicles, land boating and so on. The ruling class often had those artists assembled to the capital to

Tomb figure of dancers in the Tang dynasty

give a performance, or sometimes to show off in front of the foreigners. In order to save the trouble of assembling the performers, there were special places in the palace for those performers to reside so that the rulers could enjoy themselves at any time. In addition, there was special theater in the palace as the place to perform singing, dancing, drama and various acrobats.

Broken stele with carved picture of dancers in the Guangfu Temple of the Tang dynasty

Besides, the archery, boating, swinging, ball throwing and dancing were all common sports both in the court and the folk in the Tang dynasty.

2. Thrive of the Women Sports

Generally speaking, the social development can be

measured by the extent of women's liberation. The Tang dynasty was an open society, which was proved by the fact that women then had broken some limitation of the traditional ritual custom, and went out of the family to take part in social activities. They also took part in the sports activities, like shooting arrows, riding the horse, and playing polo and *cuju*, just as men did. Even some sports particularly for women had been created.

Picture about wamen playing *cuju* in the Tang dynasty

The ball game was played widely by women at that time. They played both *cuju* and *jiju*. In every cold food festival (a festival when people do not cook food), the maids of honor would play on the court's play**ground** the kind of *cuju* kicked between people without any goal.

Men in the Tang dynasty were fond of *jiju* on horseback, which had influenced some women to take part in it too. However, it was so violent and dangerous for women to play *jiju* on the horse that some women tried to play it on the small and docile donkey. Therefore, the special *jiju* for women—donkey-riding *jiju*—came into being. It had enriched the variety of the sports in those days and had improved the development of the sports. *Jiju* was the production of the particular historic, cultural and social background of the Tang dynasty. Its competitiveness and mature rules were incomparable in ancient China which was mainly dominated by the Confucianism.

In the Tang dynasty, such sports as archery, swinging, Go game and boating were played more and more frequently by women, which contributed to the rising and thriving of women sports during that period.

Silk painting of women playing the game of Go in the Tang dynasty

V Sports in the Song Dynasty

The Song dynasty was another peak in the history of the traditional Chinese culture after the Sui and Tang dynasties. It was a peak not only because of the prosperity in the official philosophy, the Confucian thoughts, or poems with different schools, but also due to the development of the sports culture along with the improvement of the commercial economy. Widely spread in the lower class, the increasingly commercialized sports also showed their importance in the social life of people. In other words, they had become an important part in the traditional Chinese society and culture with gradually increased social status and impact.

In the year of 960, Zhao Kuangyin (the first emperor of the Song dynasty) established the regime of the Northern Song dynasty, presenting a new picture for the development of Chinese social politics, economy

Portrait of Emperor Taizu Zhao Kuangyin of the Song dynasty

and culture. In order to prevent the local authorities from setting up separatist regimes as they had done in those late years of the Tang dynasty, as well as to maintain and strengthen their ruling status, the rulers of the Song dynasty had the state power centralized. For example, they took back the military power from the generals, and periodically changed the commanders of local troops as well as the stationed places of the troops, so that there wouldn't be enough time to establish profound relationships between the generals, the troops and the local governments. In this way, they decreased the possible threat of revolt against the regime. Unexpectedly, the sports in the troops began to prevail all over the country as the stationed places were frequently changed, which had promoted the prevalence and popularity of the Chinese sports, as well as the communication and development of sports culture in different places and regions. As a result, the military custom was upheld during the Song dynasty besides the reason that China must fend off the threat and harassment from the northern Jin and Liao peoples.

Zhu Xi, a neo-Confucian in the Song dynasty

Neo-Confucianism sprouted during the period of the Northern Song dynasty and was prevalent during the reign of Emperor Xiaozong of the Southern Song dynasty. With the ethic thoughts on Confucianism as its essence, it also absorbed the relative thoughts from Buddhism and Taoism. It asked people to abide by the law, to behave themselves, and to abandon the demand for improving their life. Thus, it had extended a certain impact on the development of the sports. The self-improvement methods advocated by the neo-Confucianism in the Song dynasty proposed inactivity, opposing people's demands for improving their life, which was just opposite to the sports tenet of activity. However, once the advocate found favour in the rulers' eyes, its impact on people's mind would be negative, because it prevented people from pursuing for a sports life. In addition, such philosophy emphasized too much the male superiority and female inferiority, which caused the decline of the women sports which was popular in the Tang dynasty—a great pity for the Chinese sports.

Certainly, every coin has two sides. Although the thought of inactivity advocated by neo-Confucianism impeded the development of athletic sports, it was helpful to the development of the ancient Chinese arts on health preservation such as *qigong* (a system of deep breathing exercises) and *wushu*. However, this development was not worth mentioning when compared with the loss of sports custom in the whole society.

1. Prevalence of Ball Games

1) The Game of Polo

Being limited by various conditions, the game of polo could only be played in the court, by the noble class or in the troops. Since the game was used in military training, the rulers took it seriously and even set up a systematic and protocol procedure for it. The system assured the game held periodically, yet the complicated rites reduced the competitiveness of the game so greatly that its free development was limited. Thc emperors of the Southern Song dynasty once paid much attention to the game of polo, taking it as a means of keeping one's body fitness and inspiring one's spiritual health in hope of dispeling the humiliated feelings after being defeated by the Jin (金) army during the reign of Emperor Qinzong. Therefore, polo became a common activity in the troops because it could be used to train as well as to entertain the soldiers. In those days, the military official Lu You (also a great poet at that time) often played polo with the officials and soldiers when positioned in the frontline against Jin troop, which was a good example to show how important the game was for the troops in those days.

In the Tang dynasty, "Donkey-riding *jiju*" was created according to the physical features of women in order to promote women sports. It was then very popular under the reign of Wu Zetian. The game developed further in the Song dynasty. But because of the change of social atmosphere and the opposition of the emperor, it was no longer an activity particularly for women, instead it became an activity played by men to amuse the emperor and officials in feasts.

However, along with the activeness and development of the commercial economy, the game of polo once played only by the upper class became popular in the whole society. By the Southern Song dynasty, it had developed further among the people after the rising of the folk sports. In order to adapt to the economic development of the urban areas and to meet people's increasing demands for the spiritual and cultural life, there established special organizations for polo which provided favorable conditions for people to play the game.

Besides, the on-foot-ball-game evolving from polo had developed in the Song dynasty, becoming an entertaining activity in the court. During that period, because of the particular social atmosphere and the changes in the skills and customs of the ball game, the originally antagonistic on-foot-ball-game evolved to be non-antagonistic later. The goal was replaced by the hole in the ground. Thus, a new activity came into being in the Song dynasty—ball driving, which then became popular and well developed in the Yuan dynasty. The game of ball driving was quite similar to golf now popular in the European and American countries.

Fresco presenting ball driving in the Song dynasty

2) The Game of *Cuju*

Under the influence of the literary trend in the Song dynasty, though the game of *cuju* was still popular, its rules of competition had changed. There were no longer two goals for antagonistic competition as those in the Tang dynasty. Instead, it was more popular to play the game with only one goal or no goal at all. Demanding less energy and antagonism, actually it was a setback compared to the previous antagonistic competition with two goals. But it was more acceptable because it was skillful and entertaining, and could be played anywhere, which provided favorable condition for the popularity of the game. During this period, there were even professional artists who made a living on their performance of *cuju* in the marketplace.

The game of *cuju* was popular both in the court and among the common people—especially for the townspeople. There were special teams of *cuju* in the court then to amuse the members of imperial house at the banquet. Many emperors and high officials were very interested in the game. For example, Emperor Huizong of the Song dynasty liked *cuju* so much that even his two prime ministers—Li Yanbang and Gao Qiu—were masters of *cuju*. It had already become a traditional activity in festivals such as the Tomb-Sweeping Day, which was recorded in a lot of historical books. It was also an important part in the street performance because it was entertaining, skill demanding, and able to be played anywhere. Those performances could also be seen in some prosperous cities. Some clever performers even connected *cuju* with commercial mechanism to attract more spectators, which in another perspective had also reflected the advancement of the commercial economy in the Song dynasty.

During the Southern Song dynasty, the game developed a lot among the people. There were even associations of *cuju*, which were very similar to the modern football clubs. The association was a professional organization for the players, and also a place where the wealthy people or idlers often went to.

Picture of *cuju* playing in the Song dynasty

The game of *cuju* in the Song dynasty not only changed its playing rules, but also improved the manufacturing techniques of the ball. The ball in the Tang dynasty was made of eight pieces of leather, while in the Song dynasty it was made of twelve pieces of leather sewed together with a more refined technique. This improvement was the result of the prevalence of *cuju*, and in return it had enhanced the development of *cuju*, as well as the Chinese sports.

2. Prevalence of Elegant Sports

Under the influence of the literary trend, such elegant activities like the game of Go, the Chinese chess and *touhu* which could improve people's character, discipline and temperaments, were very popular with the literati and scholar-bureaucrats.

1) Rise of Go

The literati of the Song dynasty liked connecting the game of Go with the management of state affairs, as well as many classical Confucian theories. They took the game of Go as a good way both to amuse and to cultivate themselves, so they often played with and learned from each other. As a result, it became very popular with the literati then. For example, the great writers of the Song dynasty, like Fan Zhongyan, Su Shi, Wang Anshi and Wen Tianxiang, all loved the game ardently.

Portrait of Fan Zhongyan

Certainly, the game of Go as a traditional activity both entertaining people and improving their intelligence was not only popular with the literati. In the Song dynasty, it was played by both the ruling class and the common people. Although under the influence of the literary trend, the sports custom declined (mostly in the literati circle). The game of Go was so popular in the society that in cities there were special "Go players" who lived on their arts of Go.

The prosperity of Go in the Song dynasty stimulated some people to summarize and compile the theories of Go. The emergence of various theoretical monographs provided good guidance for the activities of Go at that time, and also promoted the development of the ancient Chinese game of Go.

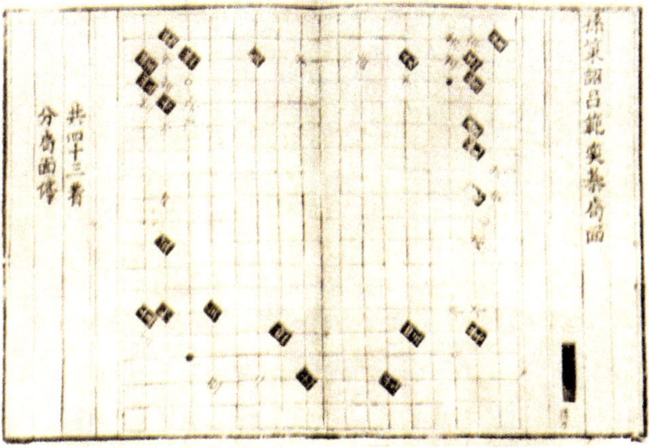

The manual of Go *Forget Worry with Pure Happiness* (a Song dynasty edition)

2) Popularity of the Chinese Chess

According to the ancient records, the game of the Chinese chess was flourishing during early Song dynasty. The ways of playing it were various. After several simplification and refinements, the game evolved to be the Chinese chess which is still popular today. This simplified Chinese chess was favored immediately by people from all walks of life for its clearer and standardized way of playing. Since then, it had been an important part in the Chinese sports culture.

The standard Chinese chess spread widely in the Southern Song dynasty for its elegancy, flexibility, and simplicity in learning. It was played by almost all the people, and became an important activity in people's daily life. The sets of Chinese chess could be bought in any shop in town. Even some well-known women players began to emerge one after another. In Song dynasty the famous

A piece of the Chinese chess of the Southern Song dynasty, unearthed in the Quanzhou city, Fujian province

woman poet Li Qingzhao was also proficient in the game. Sometimes she even forgot to eat or to sleep when she was considering a move in the game.

After the study and invention by so many Chinese chess fans, the ways of playing the game were enriched. There were already records about the dispositions of the Chinese chess in the Southern Song dynasty. For instance, the book *An Extensive Guide for Daily Use* had recorded more than 30 dispositions. These summaries of the practical experience of the Chinese chess contributed a lot to its further enhancement.

3) Activity of *Touhu*

During the Song dynasty, the game of *touhu* was very popular for its Confucian rites. In the eyes of the literati and the scholar bureaucrats, *touhu* was much more than an entertaining activity at the feasts—it also emphasized the modest and yielding custom, representing those rites inherited from previous emperors. In this way, it went harmonious with the advocacy of inactivity in the Song dynasty. Therefore, although some violent activities were gradually spurned by the literati and the scholar bureaucrats, the game of *touhu* was always popular with those people, and became a widely played game by the literati.

Touhu was favored by most literati and the scholar bureaucrats, whose interests in the game did not decrease as the skills of playing it diversified or its entertaining character increased. Instead, they all liked playing it either to treat guests or to discuss literary affairs. As a result, many famous verses were related to the game of *touhu*. Even some military officers liked the game very much.

The well-known general Yue Fei was one of the fans.

3. Pomp of Frolicking in Water

By the early Northern Song dynasty, the whole country hadn't been unified. When pacifying the south, Emperor Taizu of the Song dynasty, namely Zhao Kuangyin, attached much importance to the training of the sailors, presenting himself many times at the rehearse of battles on waterto get troops ready for the battlefield in the south with many lakes and rivers. Even after the unification of the whole country, Emperor Taizong had once told his prime minister that training on water was till important.

A picture of *Jinming Pool Chinese Dragon Boat Regatta*, (Song dynasty)

Then, the emperor particularly issued an imperial edict to construct Jinming Pool to train the troops there. The pool later was a place not only for training the sailors, but also for people to dabble. As time passed, there were less and less training, but the frolicking in water as an entertaining and body fitting activity thrived.

The grand water activities in the Northern Song dynasty were distinguished. There was even a historical book *The Collection of Dreams about the Capital Kaifeng* with detailed description about the emperor watching people frolicking in water.

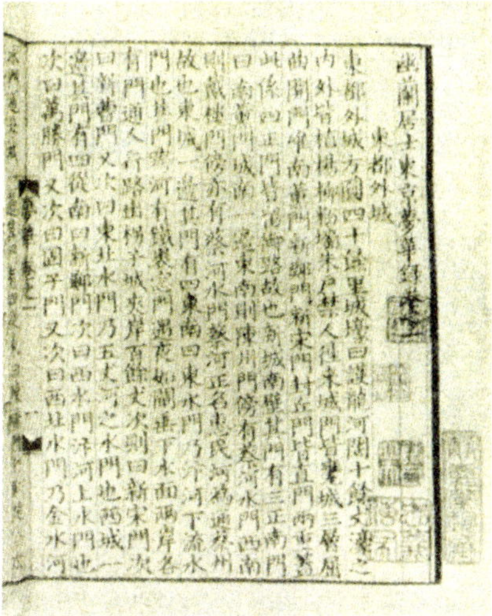
幽蘭居士東京夢華錄卷之一

東都外城

東都外城方圓四十餘里城壕曰護龍河闊十餘丈壕之內外皆植楊柳粉牆朱戶禁人往來城門皆甕城三層屈曲開門唯南薰門新鄭門新宋門封丘門皆直門兩重蓋此係四正門皆留御路故也新城南壁其門有三正南門曰南薰門城南一邊東南則陳州門傍有蔡河水門西南則戴樓門傍亦有蔡河水門蔡河正名惠民河為通蔡州故也東城一邊其門有四東南曰東水門乃汴河下流水門也其門跨河有鐵裹窗門遇夜如閘垂下水面兩岸各有門通人行路出拐子城夾岸百餘丈次則曰新宋門次曰新曹門又次曰東北水門乃五丈河之水門也西城一邊其門有四從南曰新鄭門次曰西水門汴河上水門也次曰萬勝門又次曰固子門又次曰西北水門乃金水河

The Collection of Dreams about the Capital Kaifeng

The frolicking in water was also prevalent in the troops. In the Southern Song dynasty, the water games were used for opposing the troops from the countries of the Western Xia and Jin. The result was spectacular. For example, when the famous general Liu Qi of the Song dynasty led his troops to oppose the troops from the country of Jin, he appointed those good at swimming to drill the bottom of the enemy's boats which were used for shipping the foods and necessities. As a result the boats sank and the troops of the Song dynasty won thoroughly because the enemy was lack of food.

Even when the emperor escaped to the south when the enemy invaded the north, the frolicking in water was still prevalent. Playing in the Qiantang River was a typical example. Every year when the water was rising, there would be a lot of players competing to run into the tide with disheveled hair, tattoo on their bodies and colorful flags in their hands. The colorful flags ferried on the river, which was as spectacular as thousands of boats sailing on it. This custom showed a strong vitality. It had gradually integrated with the festival customs and became a brilliant view in the Chinese splendid history and culture.

4. Splendid and Furious Chinese Wrestling

The Chinese wrestling actually was called *jiaoli* in the Western Zhou dynasty, *jiaodi* after the Qin dynasty. The Chinese wrestling in the Song dynasty was quite different from the modern sumo, but the same as *jiaodi* and *jiaoli*.

In the Song dynasty, with the economic development in cities, more and more people began to pursue a spiritual life. The Chinese wrestling was the most played game in the cities of the Song dynasty. In the capital Kaifeng, there were many entertainment places where the performance of the Chinese wrestling could usually be seen. The performance was also included in variety show at the temple fair every year. Even children would participate in the game. Thus the entertaining and commercial game of "the wrestling between children" came into being. The Chinese wrestling also flourished during the Southern Song dynasty. It became more and more popular so that there were many wrestling organizations whose members were generally those professional players. Many of them were great wrestling masters. These organizations ensured the dependence of the Chinese wrestling from other sports. The game had its own way with special performing members and stages, which was conducive to the communication and improvement of the arts of the Chinese wrestling, as well as the prevalence of the game. Besides the performance of the game, there were still formal competitions on the Chinese wrestling then. This kind of competitions was generally organized by feudal officials. Most of the participants were local masters of the Chinese wrestling. Those competitions were very antagonistic and attractive. Thus people liked them very much. The winner could not only get a lot of material rewards, but also might be appreciated by the feudal officials and thus have a chance to obtain an official position.

Unlike other sports which women rarely took part in, the Chinese wrestling was also very popular with women in the Song dynasty. The scene of women playing the game could be seen in the performances on the streets, or in the marketplace, or at the court feasts of the noble people. In the marketplace, some performers would start their performances with the wrestling between women to attract people.

In addition, the game was also prevalent in the troops in those days. There were special wrestling teams in the troops. The members of the team were selected from strict exams held periodically. This system of exams had improved the arts of the Chinese wrestling, which also reflected that the game was highly valued by the rulers and was prevalent in the society.

VI Sports in the Liao, Jin and Yuan Dynasties

During more than three hundred years' history of the Song dynasty, some minorities were active along the north, such as Liao, Western Xia, Jin and the Mongolia which later established the Yuan dynasty. Those minorities were well-known for their valiance and bravery; and they had communicated frequently with the Han people. Some of them had even once ruled the Central Plains. Thus, some minorities were inevitably influenced in the process of ethnical integration, including the sports custom. As a result, some minorities had more or less assimilated the sports culture of the Central Plains. Some sports like *cuju*, ball-driving, swinging, and *wushu* were deeply favored by the rulers of those minorities.

The sports were rich and diversified during the Liao, Jin and Yuan dynasties. Some even reached a new peak. The major and most brilliant ones were archery on horseback, the Chinese wrestling, long-distance running, polo and hunting. Those sports mentioned above were violent, competitive and antagonistic. But they prevailed well in the Liao, Jin and Yuan peoples, because they were compatible with the minorities' traditional living customs.

1. Unique Custom of Archery on Horseback

In the history of China, some minorities such as the Khitan tribe which had established the Liao regime, the Jurchen tribe which had established the Jin regime and the Mongol minority which had established the Yuan dynasty were all good at equitation and archery. Because of the unique living environment, they had no permanent residence but the carriages ready to migrate all year round for fishing and hunting. Thus, they had an agile and tough body as well as a valiant and martial character. In order to survive, they should know how to hunt,

Picture presenting Mongolian riders

thus they must master the archery first. Therefore, the archery on horseback as one of their basic skills in daily life was important in their training and recreations.

The Liao state then would hold a yearly competition of rabbit shooting. The wooden rabbit would be fixed as the target of the competition. Then the participants would be divided into two teams to shoot the target on horseback in turn. The team that shot the target first won the competition. The losers were supposed to dismount the horses to toast the winners while the winners were supposed to toss off the liquor on the horse. Similar to the Khitan tribe of the Liao State, all the people of the Jurchen tribe were proficient in archery on horseback. After they toppled the Northern Song dynasty, in order to maintain their regime and the custom of their tribe, the rulers of the Jurchen tribe repeatedly emphasized their custom of horse-riding archery. Moreover, those skills were also basic for the Jurchen tribe to select the talents from imperial examinations, which proved how important the archery on horseback was in the daily life of the Jin people. Yet later as both the social living environment and the living modes changed, they slackened their practice of this custom in their daily life.

The Mongol minority who established their regime by equitation and archery were especially proficient in those two sports. In the Yuan dynasty, any man between 15 and 70 should join army. They could fight on the horseback at war time, while till the land at peaceful time. Every soldier guarding the border line was the elite in the proficient archers. They were well known for sweeping the

European and Asian continents, conquering the Western Xia as well as the Jin and Song dynasties, and reunifying the whole China. The archery on horseback gradually became a traditional sports custom of them.

Under the cultural influence from the Central Plains, some minorities even included the equitation and archery in their martial exams with a series of standards, which to a certain extent had promoted the continuous development of the archery on horseback.

2. Favored Activity of Chinese Wrestling

For the nomadic people who herded and hunted all year round, the Chinese wrestling was compatible well with their rough and unconstrained character as well as the fierce and distinct martial spirit. Thus the game of the Chinese wrestling was very popular with them, which had even integrated in their festival customs as a part of their traditional sports custom.

During the period of the Liao and Jin dynasties, the Chinese wrestling had already been accepted and played by people generally. Some excellent players then even worked as the rulers' personal bodyguards. Ever since China was reunified in the Yuan dynasty, the rulers had forbidden the Han people from practicing *wushu*. But the Chinese wrestling was greatly promoted. Popular with the northern minorities, it was also played by the rulers of the Yuan dynasty. There was also an interesting story about this activity in history. The daughter of Mongol King Haidu was good at wrestling herself and she insisted that her future husband be a noble person who could beat her in the wrestling. Otherwise, she would rather not to get married forever. As soon as the news was released, the glorious young men from different areas immediately came around to compete with the King's daughter. It was decided that if the man beat the princess, she would marry him, but if lost, he should give her one hundred horses. It was said that so many young men were downed by the girl that she had won tens of thousands of horses. The story ended with the princess failing to find her Mr. Right. Just a story as it was, it also proved how important the Chinese wrestling was to people then.

3. Ground Breaking Long-distance Running

In order to meet the needs of the frequent migration and hunting, the Jurchen tribe and the Mongol people were good at not only the archery on horseback, but also running. It was especially so in the political contention after the establishment of the Yuan and Jin regimes. During the Jin and Yuan dynasties, in order to transfer the military messages and orders, the rulers founded the e-

Portrait of Kublai Khan, the first emperor of the Yuan dynasty mergency delivery stations in the capital. Taking charge of delivering the writs, the deliverers were strictly trained soldiers excellent in long-distance running. It was said that they could run 300 *li* per day without feeling tired. The first emperor of the Yuan dynasty followed the system of the Jin dynasty and organized a group of bodyguards who were all excellent runners in charge of guarding the city. Also there was an emergency delivery station for every 10 to 15 *li*. The deliverers, wearing the strap, the spear and the raincoat, transmitted the writs in relay. They could run 400 *li* in a whole day.

4. Thriving Game of Polo

The game of polo needed perfect playing skills and adept riding skills as its basis, for which reason the rulers had always been paying attention to it, taking it as a means of training the troops as well as an exciting sport. Because of their geographical environment, living habit and social custom, those minorities like Liao and Jin had been good at equitation and archery with a strong martial spirit since ancient times. Thus the game of polo which was very skill-demanding and challenging certainly became one of their deeply favored sports.

Most rulers of the Liao dynasty were very fond of polo. There were even special playgrounds for the game within the imperial city of Liao. The emperor's family members and the noble people in the court often played the furious game there if they had time. Sometimes even the emperor himself could not withstand the temptation of playing it. In addition, the game of polo was not only played within the court, but also very popular in other regions. Sincc polo accorded with the living custom of equitation and archery of those nomadic peoples, it was emphasized and canonized by them. In those days the masters of polo usually could gain the favor of the rulers easily, so they had a higher chance to start an official career. According to the ancient records, the way of playing polo in the Liao state was almost the same as in the Central Plains, and the game was frequently practiced.

Following the custom of the Liao dynasty, the Jin people took polo as a means to practice *wushu.* Since this activity fitted well with their custom of equitation and archery, it prevailed quickly. The Jin people generally liked the game very much. In those days, both the emperor and the regular people were very interested in it. The fact that horse as one of the necessities in the game was quite familiar to the nomadic people. Even the common people could play it, which had greatly promoted the development of the game.

For the Jin people, the game of polo was not only entertaining, but also a presentation of their excellent custom of equitation and archery. Thus, they were obsessed with it. Even during the war , they would snatch time to play it. For example, when Wanyan Zonghan and Wanyan Zongwang (both were Jurchen people and had contributed a lot in the conquering of the Central Plains) had seized Emperor Huizong and Emperor Qinzong of the Song dynasty, they played the game on their way home and even forced Empeor Huizong to compose a poem for it. In order to encourage people to play the game and practice *wushu,* the rulers of the Jin dynasty advocated the polo game so that the Jurchen tribe would maintain their horse-riding and shooting custom and martial spirit. They also included it in the examination of selecting officials, which lasted until the reign of Emperor Zhangzong of the Jin dynasty. It was obvious how important the game of polo was in the mind of the Jin people.

After the Jurchen tribe had established its regime, the excellent culture of the Han nationality gradually penetrated into their ideology in the process of further integration among peoples. The traditional Confucian thoughts were also accepted by the Jin people. Under that circumstance, the game of polo with a martial character began to decline in their mind. Later it was even thought as a vice that only the scamps would do.

5. Lasting Activities of Hunting and Archery on Horseback

Hunting ran through the social development of people from the very beginning. With strong vitality, especially during the Liao, Jin and Yuan dynasties when the tradition of equitation and archery as well as the martial spirit were much emphasized. Since hunting could present and maintain the traditional ethnical customs very well, it was widely favored and promoted, and thus prosperous for a long time.

During that period, the rulers of the Liao and Jin dynasties paid much attention to hunting. In those days many rulers were excellent fighters and martial practicians. They were very interested in hunting by means of which they often took exercises and trained the soldiers; some of them were even outstanding masters of archery. For example, Emperor Xizong had once shot a tiger and Emperor

Picture of hunting in the Yuan dynasty

Zhangzong had shot two deer with one arrow at one time. As for training soldiers, the scale of hunting was very large, with thousands of soldiers passing a long way. There was a grand hunting activity during the reign of Emperor Feidi of the Jin dynasty. All together about 2,000 hunters were called up then.

There were also special hunting grounds in the Yuan dynasty. The hunters who were in charge of the work related to hunting would live in the grounds. Each year at the end of winter and beginning of spring, they would serve the emperor in hunting. The scale of hunting was larger than that of the Liao or Jin dynasties. There could be 20,000 hunters, not to mention numerous specially trained bandogs, lions, leopard, and hawks. It was obvious that the hunting took a high place in people's mind in those days.

VII Sports in the Ming and Qing Dynasties

The Ming and Qing dynasties would be the most magnificent section of long Chinese feudal society. This period was a time when the Chinese feudal economy developed continuingly and the centralization of state power reached its peak. No matter in the economic, political, cultural aspects or in the aspect of the communication between China and foreign countries, the Ming and Qing dynasties had surpassed the past.

During the Ming and Qing dynasties, commodity economy highly developed, the function of cities was relatively consummate. The prosperous economy was the stable foundation for the political and cultural development. The mature and strict political system and active cultural atmosphere in turn powered the economical development. In this period, the thriving sports culture could not be neglected. For example, *wushu* reached its prime; the archery on horseback and hunting continued to develop; the Chinese wrestling and frolicking in water were extremely active; the children sports thrived; health preservation and *daoyin* were accepted widely; the board games were held frequently... All of them presented a prosperous vision of the sports in the Ming and Qing dynasties, which were also indelible in the history of the Chinese sports custom. Certainly, as those sports mentioned above were still prosperous, some traditional sports like ball games and women's sports began to decline then, which was undoubtedly a great loss for the ancient Chinese sports custom.

To sum up, the sports had developed to different extents in the sports surge of the Ming and Qing dynasties. They together constituted and reflected the sports custom during that period.

1. Upsurge of *Wushu*

Before the Ming dynasty, *wushu* was mainly used in the military field as a basic skill for the soldiers. The independent *wushu* which was to exercise one's body, to defend oneself or to attack others had not separated form the military *wushu*. It was not until the Ming and Qing dynasties that the pure activity of *wushu* had become an independent category. It should be attributed to the highly developed commercial economy, the ever more obvious trend of sports commercialization, and the particular social environment then. The widely application of the powerful powder was obviously superior to the traditional *wushu* in war. So *wushu*, either as fist arts or weapon arts was more widely practiced to exercise one's body. In this way, the modern *wushu* came into being.

In the Ming dynasty, some nomads living along the northern boundaries of China opposed the Ming regime. In order to prevent them from invading and conquering the Central Plains again, the rulers of the Ming dynasty, on one hand, had made efforts to recover the economy and to train the troops; on the other hand, they relieved the prohibition of martial exercises in the Yuan dynasty. In a while, all kinds of martial arts began to rise and flourish. In some regions they even had evolved with unique regional styles. The appearance and development of those distinctive martial arts had laid a solid foundation for the development of *wushu* and the emergence of its various schools. Besides, the external factors also contributed to the prevalence of *wushu.* During the 14th to the 16th century, the Japanese pirates wantonly invaded the coastal areas of China, which extremely interrupted people's normal life and social orders, and brought great disaster to them. Under that circumstance, the rulers of the Ming dynasty began to pay attention to the coast defense. They adopted various measures to resist the enemy, which had actually made a big progress. However, the troops got loosed in the later years of the Ming dynasty; as a result, the Japanese bandits were rampant again. People living along coastal lines

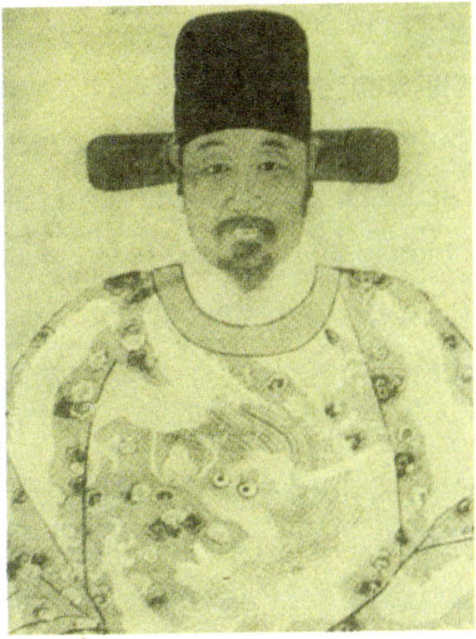

Portrait of Qi Jiguang

Picture reflecting troops of the Ming dynasty resisting against the Japanese pirates

had to take actions to fend off. Thus, the martial arts began to be popular in those areas. Under the influence of the common people, the rulers decided to reform the troops. Some renowned patriotic generals such as Yu Dayou and Qi Jiguang were in the troop at that time. After recruiting soldiers and training them strictly, the troops of the Ming dynasty completely defeated the Japanese bandits. It was a famous anti-Japanese war in history.

In the Qing dynasty, the Central Plains was ruled by Manchu instead of the Han nationality. Thus, the conflict between the two peoples was sharper. In order to maintain and reinforce their ruling status, the rulers of the Qing dynasty attached much importance to the establishment of a strong

army. There were heavy troops all over the country. In that social environment, *wushu* as an activity accordant to the martial spirit and archery on horseback custom of Manchu was practiced widely in the troops of the Qing dynasty. The rulers emphasized *wushu* so much that all the arms of services had their own special plans and systems of martial exercises. On the other hand, the rulers continued to prohibit people from practicing martial arts for fear of revolt. However, instead of keeping people's resistance within limits, it had further intensified the conflict between peoples and promoted the folk martial arts. In those days, many literati were influenced by the martial trend and began to practice it. Some were even became the scholars with both literary and martial abilities, leaving many much-told stories in the Chinese sports history. For example, the famous thinker and historian Huang Zongxi in the early years of the Qing dynasty was extremely proficient in martial arts. His father was killed by treacherous court officials, so he decided to revenge for his father's death. Finally he made a great coup. The scholar Gu Yanwu was not only accomplished in the academic field, but also eminent in his martial arts. When the troops of the Qing dynasty invaded the south, Gu led people to fight against them. Other well-known scholars like the above were Wang Fuzhi, Lu Shiyi and Yan Yuan ,who had patriotic integrity as well as literary and martial abilities. When they failed in the fights, most of them lived a secluded life or worked as teachers in school. Under their encouragement, lots of intellectuals threw themselves in the trend of practicing martial arts. Besides, the folk religions and organizations also contributed to the prosperity of martial arts during that time. Since the Han people complained a lot the suppression of the Qing dynasty and they were in the very mood of being against the regime, the religions and organizations changed from the public to secrete. Their power was disseminated all over the country. Theoretically they followed the traditional tenet, but practically they organized people to practice martial arts to prepare for the revolt. Those organizations had many branches, which had helped the prevalence and development of *wushu*.

Monks of Shaolin Temple on Mount Song were generally accepted as top martial arts players, which also serves as an evidence of the highly developed martial arts

The pagodas of Shaolin Temple

in the Ming and Qing dynasties. During the Ming dynasty, the Shaolin Temple had been held in high repute. In the 32nd year of the Jiaqing's reign(1553), the Shaolin monks participated in the war against the Japanese pirates, and had distinguished themselves in action. Winning the war definitely demonstrated the actual effect of Shaolin *wushu.* On the other hand, the monks also attracted pilgrims and visitors with their amazing martial art performance. Later with the tremendous influence of Shaolin *wushu*, the Shanlin school emerged.

After the Qing Forces entering Shanhai Pass (the north east start point of the Great Wall of the Ming dynasty), the status of Shaolin Temple began to decline. The rulers of the Qing dynasty racked their brains to limit the development of Shaolin Temple because the monks of the temple had participated many times in the activities of revolting against the Qing regime. Thus, the rulers burned the temple and forced out the monks under the excuse that it had hided many officials of the previous dynasty. However, it had not restrained the influence of the Shaolin *wushu.* On the contrary, as the monks spread all over the country, the Shaolin *wushu* went round more widely, which had contributed a lot to the prevalence of it in the folk *wushu.*

Picture about monks practicing fist

With the economic development in the cities during the Ming and Qing dynasties, the unprecedented spectacular martial activities were also very active in the cities. In the capital Beijing, there were all kinds of martial organizations, as well as masters with unique skills and the high officials who wanted to learn how to preserve health through practicing martial arts. This martial trend then ensured a further development of the Chinese *wushu.* On one hand, it had emphasized more on its contribution in the body fitness and entertainment. On the other hand, it had formed a complete system with two schools, namely the "internal school" and the "external school". At the same time, it had also formed a rounded structure. Many arts had completed their fixed set of action which could be used not only in self-defense, but also to exercises the body. The actions were linked smoothly and rhythmically. As a result, it was easier to learn and spread *wushu*. Many theoretical monograph on *wushu* emerged as the rich experience of *wushu* had been accumulated for a long time. For example, the book *New Thoughts on the War* had de-

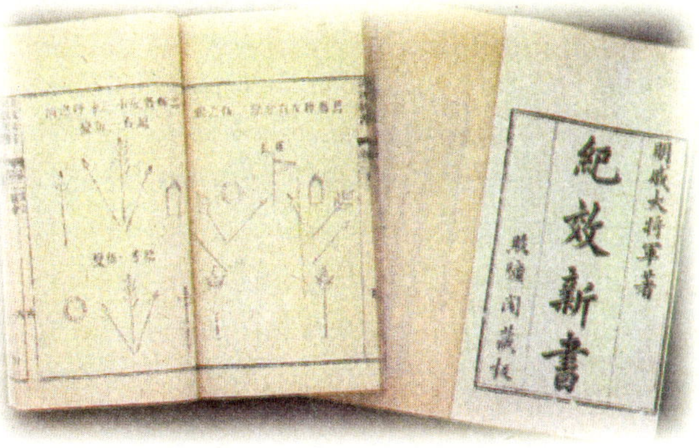

New Thoughts on the War by Qi Jiguang

scribed the arts of fist, blade, spear, staff and archery, which had made a positive impact on the aftertime. To sum up, the widely practiced *wushu* activities reflected people's pursuit for sports culture. With its practical functions in many areas, *wushu* was deeply favored by people for a long time.

2.Continuous Development of Archery on Horseback

The archery on horseback was one of the few lasting sports in history. As a basic means for the ancient Chinese troops in war and a traditional custom of the northern nomad, it was thought highly all through the ages. The Ming and Qing dynasties also attached much importance to it.

In the early the Ming dynasty, the rulers paid much attention to cultivate the talents with literary and martial abilities. Thus the equitation and archery constituted the main part of the military training and school education. The first emperor of the Ming dynasty Zhu Yuanzhang, who was good at managing state affairs, advocated that the officials must have both literary and martial abilities. In those days, the archery on horseback was included not only in the military examinations but also the literary ones. All the schools were supposed to teach it and to include it in the examinations along with the Four Books and Five Classics (Four Books are *The Confucian Analects, The Analects of Mencius, The Great Learning* and *The Doctrine of the Mean*; Five Classics are *The Book of Odes, The Book of History, The Book of Rites, The Book of Changes* and *The Spring and Autumn Annals*). Archery on horseback was not only quite popular in the army but also frequently practic ed by the literati. Many civilian who were originally successful candidates in the highest imperial examination could also shoot well. Under the influence of the upper status, this prevailing sport was frequently held among the people. Actually, there were also a lot of proficient archers. Li Zicheng, the head of peasants who revolted against the government in the late years of the Ming dynasty, was an excellent archer on horseback. It was said that he could shoot the handle of the blade easily from 50 steps away.

Portrait of Li Zicheng

Similar to the Ming dynasty, the rulers of the Qing dynasty paid attention to the shooting on horseback not only in the soldier training but also among the Eight Banners Army members. Although at that time the firearms got some development, and some powerful gunnery had already been used in war, yet the horse-riding archery still played an irreplaceable role. Manchu had lived on hunting and shooting on horseback from the very beginning. They would not abandon their custom even though they had entered Shanhai Pass. There was even a special hunting field for the emperor of the Qing dynasty. Each year a large-scale hunting activity would be held. The rulers of the Qing dynasty were both the advocators and the practitioners of it. For instance, Emperor Qianlong liked it all through his life. He was so excellent in it that many masters admitted they were not as good as him. The emperor once had shot two deer with one arrow in the field hunting, which immediately became a charming story well told in the capital. The long-term shooting on horseback helped maintain Qianlong's health. He often led the troops to

Portrait of Qing Emperor Qianlong by Lang Shining

hunt even when he was 80 years old. So this activity could be used not only to train the troops and increase the battle effectiveness but also to strengthen body and spirit so that people could live a longer life.

Prevalent and influential in the Qing dynasty as it was, the archery on horseback gradually lost its military value later when the powerful modern weapons were widely used. It then was maintained as an entertaining activity for body fitness. Even now there are still competitions on the archery held all over the world.

3. Upsurge of Board Games

During the Ming and Qing dynasties, board games were very prosperous and widely played after its prevalence in the Song and Yuan dynasties.

Picture presenting Chinese chess playing

1) Game of Go

The ways of Go includes the military thinking, Taoism and the thoughts of changes. It represents the wisdom of the Chinese people in a simple world with black and white pieces. The position of the game changes quickly and unfathomably. Thus it can culture people's body and mind, cultivate their temperament, forge their determination, and train the ability of long-term view. Therefore, for many years, this game not only has a huge market in the common people, but is always favored by those statesmen and militarists.

This game made great progress during the Ming dynasty because of the advocacy of the rulers as well as the promoted competitions of Go. Many people took it as a means to start their official career because the rulers liked and advocated it very much. The national champion of the Ming dynasty Xiang Zixian had once been called to the capital to compete with Lou Deda who then beat Xiang several times and got an official position conferred by the emperor. During the reign of Emperor Xiaozong of the Ming dynasty, the national champion Zhao Jiucheng was once asked to enter the great hall to play the game with many masters. Zhao downed them easily, using those wonderful strategies not yet being mentioned in the manual of Go. The emperor appreciated him so much that he instantly assigned Zhao an official position as well as other awards.

The game was very popular with the literati of the Ming dynasty, who often composed poems related to it. In those days, there were special associations of Go and the game could be seen played frequently. The champion of the competition was praised as the "number one of the world". Some schools of Go emerged in different regions, such as the "Yongjia School" (represented by Bao Yizhong from Yongjia county in Zhejiang province), "Xin'an School" (represented by Cheng Ruliang from Xin'an city in Anhui province) and "Jingshi School" (represented by Yan Lun and Li Fu from Beijing). All the schools were founded by outstanding masters who had different styles and dispositions, and generally formed their unique styles.

By the way, the game was also very popular with women and children. And as it was widely played, some excellent manuals of Go emerged, such as *The Records of Go* written by Lin Yinglong, *The Immortal Disposition in the Stone Room* by Xu Gu, *The Grand Book* by Liu Zhongda, *The Manual Left by the Supernatural Being* by Zhu Keming, as well as *Discussion on Go* and *The Difficulties of Go* by Feng Yuanzhong. They all gave a relatively complete and systematic summarization of the experience of Go. The emergence of these manuals on another perspective also reflected the prevalence of Go then.

The game was even more popular in the Qing dynasty. The arts of Go reached another peak during this period. The last peak of the game in the history of the ancient Chinese sports appeared during the reign of Emperors Qianlong and Jiaqing of the Qing dynasty. There was no consentaneous overlord in the circle of Go. Instead, many people contended for the domination. The "four great masters" Liang Weijin, Cheng Lanru, Fan Xiping and Shi Xiangxia were some of them. Liang and Cheng enjoyed equal fame while Fan and Shi were from the same school. Each of the four had his unique strong point, and they were all excellent. It was said that Fan and Shi could only end in a draw after they had played ten games. The critics then summarized their styles in this way: Fan played with many changes while Shi emphasized on adhesion. Later, the two summed up their practical experience and passed down their manuals of Go, which greatly influenced the development of Go.

2) Chinese Chess

Thc Chinese chess was very popular during the Ming dynasty, and there were many masters of it. Obsessed with the game, those players often sought for the rivals all over the country. Some people got well known by competing with others. The famous player Zhu Jinzhen in the late years of the Ming dynasty was a typical example. He had played the game for more than 30 years and competed with many famous players. He then assimilated the strong points of others and accumulated a lot of practical experience. At last, he could find no equal. Besides, he had also written the precious monograph on the Chinese chess *The Secrets of the Chinese Chess*, which was appreciated as soon as it was written up. Even now it is still admired by the fans of the Chinese chess.

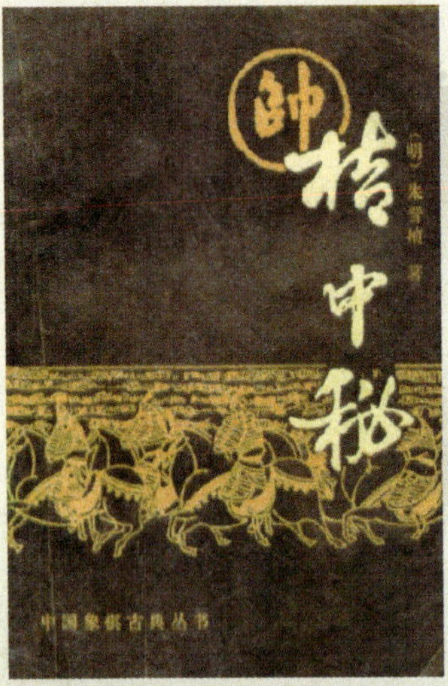

The Secrets of the Chinese Chess by Zhu Jinzhen

There were also many other monographs on the Chinese chess emerging during the Ming dynasty, which obviously proved the prevalence of the game in those days. The discussion on the dispositions of the Chinese chess in those books had formed a relatively complete system as well as clearer rules of the game. Thus, those books were liked by people who studied Chinese chess. On one hand, the emergence of those monographs had reflected the level of the Chinese chess in the Ming dynasty; on the other hand, they had made a precious contribution to the ancient Chinese sports culture.

In the Qing dynasty, the arts of the Chinese chess had reached a new level. Many masters and monographs of the game emerged. There were nine schools of the Chinese chess in the Qing dynasty, namely the *pilin* school, *shuntian* school, *datong* school, *wuzhong* school, *wulin* school, *hongdu* school, *jiangxia* school, *zhongzhou* school, *yilin* school. The Chinese chess then was prosperous and famous for so many masters of those different schools. The chess manuals also emerged one after another. *The Manual of Plum Flower* written by Wang Zaiyue was the most famous one among them. Wang made his name for developing a school of his own. Even today, his name is still well known in the circle of the Chinese chess.

In addition, in order to show their ethnic martial spirit and to improve their image in the mind of the common people, the rulers of the Qing dynasty created the "Manchu chess" on the basis of the traditional Chinese chess. The Manchu chess had 16 pieces on one side as the Chinese chess was, but on the other side it had only three other pieces besides *jiang* (the king), *shi* (the bodyguard), *xiang* (the minister), and *bing* (the soldier). The three pieces could be used as either *ma* (the horse), *ju* (the carriage), or *pao* (the cannon). The player who had the three pieces could go around the rival's domain easily. If the rival was not careful enough, he would lose the game easily. This was also the reason that Manchu chess was not popular in those days.

4. Attractive Ice-Activity

Ice-activity was also called "walking on ice", which was a general name for all those activities on ice. As it was a traditional skating activity of the ancient Manchu, this activity was favored by people because it could train the soldiers, keep one's fitness and amuse people with its legerity, convenience and variety. Since the Manchu entered Shanhai Pass, this activity spread widely and immediately turned out to be a distinctive sports custom in the northern area.

There were mainly two types of ice-activity. One was the pure on-ice activity which was quite similar to today's speed skating. The other was to perform all kinds of acrobatics on ice, which was similar to modern figure skating. Besides, there were also activities like ice ball game and on-ice dance. There was still a game called "*bingchuang*" (literally "bed on ice"), which was quite like the sledding nowadays.

The Picture of Ice-Activity

Manchu had lived in the cold northeast of China since the very beginning. Their tradition of ice-activity was attributed to the particular geographical environment. In the Qing dynasty, the skating was a military training item for the Manchu Eight Banners' troops. The rulers of the Qing dynasty still attached much importance to this activity even after they had united the whole country. They prescribed that the naval forces outside Shanhai Pass should practise skating every winter when the water was iced over. The ice-skating of Eight Banners was also included in the celebration system. There would be a large-scale ceremonial skating parade in Beijing every year. Then the emperor would inspect the Eight Banners' troops in person. *The Picture of Ice-Activity* which was drawn during the reign of Emperor Qianlong (now is preserved in the Palace Museum) vividly represents those rich and colorful performances on ice.

The on-ice ball game in the Qing dynasty had evolved from traditional *cuju*, and thus was different from modern ice hockey. Originally it was a means to train the Eight Banners' troops. But gradually it became an athletic

activity with an entertaining character. There was no goal in the game. The one who got the ball first was the winner. It required excellent skating skills such as chasing and speeding on ice. Therefore, it was very attractive and thus favored by people.

Dancing on ice was a kind of on-ice acrobatic. The players presented many splendid performances on their specially made skates. Those performances were favored by people for their variety and attractiveness.

Besides, there were also many activities like on-ice archery, on-ice banners and flags playing and on-ice competition, which were all very attractive and amusing. Thus, they were widely held both in the court and among the common people.

5. Popular Wrestling Activity

Popular in the Song and Yuan dynasties as it was, the wrestling was even more prevalent during the Ming and Qing dynasties. Especially in the Qing dynasty, it was played by more people and had developed to a higher level at that time.

The Ming dynasty adopted the same system as the Tang dynasty. During the Ming dynasty, the wrestling was not only used to train the soldiers, to practice their martial arts or to entertain the noble people, but was also played generally by the common people. There were also monographs on it in this period. Yet according to the ancient records, this activity was not as spectacular as that of the Ming dynasty no matter in the court or among the common people.

Picture depicting the frontier dinner party in the Qing dynasty

Different from the Ming dynasty, since the wrestling was the traditional sports custom of Manchu, it became extremely active after the troops of the Qing dynasty had conquered the Central Plains. As a result, the wrestling was prosperous again in the Qing dynasty after its temporary decline in the previous dynasty.

There were mainly two kinds of wrestlers, one was those playing for the court, and the other was those making a living as folk performers. A lot of players belonged to the latter. Usually they performed in the marketplaces or performance places. Besides, there were also many venues particularly for people teaching the wrestling skills.

Thus, the wrestling thrived in the Qing dynasty because of the cultural inheritance and prevalence of the sports custom of the ruling class. To a certain extent, it had enriched and promoted the development of the ancient Chinese sports.

Closing

Halting our steps and looking back, the 5,000-year sports history of China is like a magnum opus, profound, immense, splendid and shining. Its large and grand scale, its profoundness and significance will appeal a heartfelt resonance from everyone who has read it. We are all overawed by it and inebriated in it.

Certainly, the history told in this book is not the full landscape of the Chinese sports history. More splendid ones are waiting for us to explore. We believe that in the new journey, the Chinese history will continue to illuminate the night sky like wonderful fireworks. More stories will be passed down generation after generation. They will be enduring and lasting forever.

附录 Appendix

中国历史年代中英文对照表

A Table of Chinese Chronology(Chinese-English)

<table>
<tr><td colspan="3">五帝
Five Emperors Period</td><td colspan="2">C.2900－C.2000B.C.</td></tr>
<tr><td colspan="3">夏
Xia Dynasty</td><td colspan="2">C.2070－1600B.C.</td></tr>
<tr><td rowspan="2">商
Shang Dynasty</td><td colspan="2">商前期
Earlier Shang</td><td rowspan="2">1600－1046 B.C.</td><td>1600－1300 B.C.</td></tr>
<tr><td colspan="2">商后期
Later Shang</td><td>1300－1046 B.C.</td></tr>
<tr><td rowspan="4">周
Zhou Dynasty</td><td colspan="2">西周
Western Zhou Dynasty</td><td rowspan="4">1046－256 B.C.</td><td>1046－771 B.C.</td></tr>
<tr><td colspan="2">东周
Eastern Zhou Dynasty</td><td>770－256 B.C.</td></tr>
<tr><td colspan="2">春秋
Spring and Autumn Period</td><td>770－476 B.C.</td></tr>
<tr><td colspan="2">战国
Warring States Period</td><td>475－221 B.C.</td></tr>
<tr><td colspan="3">秦
Qin Dynasty</td><td colspan="2">221－206 B.C.</td></tr>
<tr><td rowspan="2">汉
Han Dynasty</td><td colspan="2">西汉
Western Han</td><td rowspan="2">206 B.C.－220A.D.</td><td>206 B.C.－25 A.D.</td></tr>
<tr><td colspan="2">东汉
Eastern Han</td><td>25－220 A.D.</td></tr>
<tr><td rowspan="3">三国
Three Kingdoms</td><td colspan="2">魏
Wei</td><td rowspan="3">220－280</td><td>220－265</td></tr>
<tr><td colspan="2">蜀汉
Shu Han</td><td>221－263</td></tr>
<tr><td colspan="2">吴
Wu</td><td>222－280</td></tr>
<tr><td rowspan="2">晋
Jin Dynasty</td><td colspan="2">西晋
Western Jin Dynasty</td><td rowspan="2">265－420</td><td>265－317</td></tr>
<tr><td colspan="2">东晋
Eastern Jin Dynasty</td><td>317－420</td></tr>
<tr><td rowspan="4">南北朝
Northern and Southern Dynasties</td><td rowspan="4">南朝
Southern Dynasties</td><td>宋
Song</td><td rowspan="4">420－589</td><td>420－589</td></tr>
<tr><td>齐
Qi</td><td>479－502</td></tr>
<tr><td>梁
Liang</td><td>502－557</td></tr>
<tr><td>陈
Chen</td><td>557－589</td></tr>
</table>

<table>
<tr><td rowspan="5"></td><td rowspan="5">北朝
Northern Dynasties</td><td>北魏
Northern Wei</td><td rowspan="5">386－581</td><td>386－534</td></tr>
<tr><td>东魏
Eastern Wei</td><td>534－550</td></tr>
<tr><td>北齐
Northern Qi</td><td>550－577</td></tr>
<tr><td>西魏
Western Wei</td><td>535－556</td></tr>
<tr><td>北周
Eastern Zhou</td><td>557－581</td></tr>
<tr><td colspan="3">隋
Sui Dynasty</td><td colspan="2">581－618</td></tr>
<tr><td colspan="3">唐
Tang Dynasty</td><td colspan="2">618－907</td></tr>
<tr><td rowspan="5">五代
Five Dynasties</td><td colspan="2">后梁
Later Liang</td><td rowspan="5">907－960</td><td>907－923</td></tr>
<tr><td colspan="2">后唐
Later Tang</td><td>923－936</td></tr>
<tr><td colspan="2">后晋
Later Jin</td><td>936－947</td></tr>
<tr><td colspan="2">后汉
Later Han</td><td>947－950</td></tr>
<tr><td colspan="2">后周
Later Zhou</td><td>951－960</td></tr>
<tr><td rowspan="2">宋
Song Dynasty</td><td colspan="2">北宋
Northern Song Dynasty</td><td rowspan="2">960－1279</td><td>960－1127</td></tr>
<tr><td colspan="2">南宋
Southern Song Dynasty</td><td>1127－1279</td></tr>
<tr><td colspan="3">辽
Liao Dynasty</td><td colspan="2">907－1125</td></tr>
<tr><td colspan="3">金
Jin Dynasty</td><td colspan="2">1115－1234</td></tr>
<tr><td colspan="3">元
Yuan Dynasty</td><td colspan="2">1206－1368</td></tr>
<tr><td colspan="3">明
Ming Dynasty</td><td colspan="2">1368－1644</td></tr>
<tr><td colspan="3">清
Qing Dynasty</td><td colspan="2">1616－1911</td></tr>
<tr><td colspan="3">中华民国
Republic of China</td><td colspan="2">1912－1949</td></tr>
<tr><td colspan="3">中华人民共和国
People's Republic of China</td><td colspan="2">1949－</td></tr>
</table>